典籍里的中国

经典古文

有书 编著

天地出版社 | TIANDI PRESS

图书在版编目（CIP）数据

典籍里的中国. 经典古文 / 有书编著. -- 成都：
天地出版社, 2025.7. -- ISBN 978-7-5455-6455-6

Ⅰ. K203

中国国家版本馆CIP数据核字第20251Q9A33号

DIANJI LI DE ZHONGGUO · JINGDIAN GUWEN

典籍里的中国·经典古文

出 品 人	杨　政
编　　著	有　书
责任编辑	杨　露
责任校对	卢　霞
封面设计	刘　洋
内文排版	谢　彬
责任印制	王学锋

出版发行　天地出版社
　　　　　　（成都市锦江区三色路238号　邮政编码：610023）
　　　　　　（北京市方庄芳群园3区3号　邮政编码：100078）
网　　址　http://www.tiandiph.com
电子邮箱　tianditg@163.com
经　　销　新华文轩出版传媒股份有限公司

印　　刷	河北鑫玉鸿程印刷有限公司
版　　次	2025年7月第1版
印　　次	2025年7月第1次印刷
开　　本	710mm×1000mm　1/16
印　　张	9.5
字　　数	110千字
定　　价	32.00元
书　　号	ISBN 978-7-5455-6455-6

序

中华典籍浩如烟海，传承了中国历史与文化，蕴含了先民智慧与警示。打开这套《典籍里的中国》，你将感受到中华民族五千多年的底蕴和力量。

你会在《山海经》《竹书纪年》《周礼》《淮南子》《论衡》等典籍中看到凤凰居住的地方、周穆王和西王母会面、掌管四季的神明、彭祖长寿的秘密，这是一次想象力的探险，是对世界最初的好奇与探索；会在《左传》《列子》《吕氏春秋》《战国策》等典籍中了解同舟共济、管鲍之交、破釜沉舟的典故，以及邯郸学步、郑人买履、滥竽充数的寓言，这些故事充满智慧，字字珠玑；也会在《诗经》《楚辞》《乐府诗集》《全唐诗》等典籍中看到屈原、李白吟诗作对，仿佛参与诗词诞生的过程，领略韵律之美、意境之美、情感之美；还会在《礼记》《世说新语》《昭明文选》《古文观止》等典籍中发现令人赞叹的思想和文采，这里汇聚了深刻的人生哲理，为你的人生指明方向。

在这里，我们将从典籍中的神话、典故、诗词、古文中认识中国、了解中国，并汲取其中的智慧，创造未来的中国。

目 录

《论语》

第一部语录体散文集

关于作品

　　《论语》：儒家经典，是记录孔子及其弟子言行的一部书，共二十篇，以语录体为主，叙事体为辅，较为集中地体现了孔子及儒家学派的政治主张、伦理思想、道德观念及教育原则等。宋代把《论语》与《孟子》《大学》《中庸》合称为"四书"，这四部书是古代学校官定教科书和科举考试必读书。

关于作者

　　《论语》主要是由孔子的弟子及其再传弟子记录、整理孔子及其部分弟子的言行而成。孔子晚年致力于教育，相传有弟子三千人，其中贤者七十二人。这些弟子在孔子去世后，将其生前言行加以整理，经再传弟子主导编订，逐步汇编成《论语》。

《论语》十二章

> 子曰："学而时习之，不亦说（yuè）乎？有朋自远方来，不亦乐（lè）乎？人不知而不愠（yùn），不亦君子乎？"
>
> （选自《论语》）

孔子出生在鲁国，从小家境贫穷。他身高九尺六寸，人们都称他为"长人"，觉得他与一般人不一样。成年后，孔子曾给季氏管理过仓库，也曾担任过牧场小吏，后又做过主管营建工程的司空。

因为觉得不得重用，孔子离开了鲁国，但他去齐国时受到排斥，在宋国、卫国又遭遇驱逐，在陈国、蔡国之间被围困，最后不得不返回鲁国。

鲁国人南宫敬叔想与孔子一起前往周都学习礼仪，鲁昭公同意了，并赐予他们一辆车子、两匹马、一名童仆。二人在周都又拜望了老子。回来后，孔子的名气变得越来越大，跟从他学习的弟子渐渐多了起来。此后，不少国君都得知孔子的贤明，纷纷向孔子请教治国之道，孔子也知无不言，尽心为国君提供执政建议。

鲁定公十年（前500年），齐国大夫黎鉏（chú）认为鲁国启用孔子这样的圣人势必会危及齐国。于是齐景公便派使者前往鲁国，同鲁国国君约定会晤。会晤期间，齐国官员轻慢鲁国，以此试探孔子反应，结果遭到孔子的严厉斥责。齐景公十分惶恐，回国后便退还了从前掠夺的鲁国土地，以此向鲁国道歉并悔过。

在孔子的辅佐下，鲁国的国力越来越强大，这让齐国十分忌惮。于是齐国给鲁国国君送来美女、骏马等，试图麻痹鲁国的国君。鲁国国君没有抵挡住诱惑，很快就荒废了国政。孔子对他十分失望，便离开了鲁国。

离开鲁国后，孔子便开始周游列国，前后达十三年。然而，他却一直没有遇到愿意完全信任他的国君。于是，六十八岁时，孔子又回到了鲁国。

孔子晚年致力于教育，相传他先后有弟子三千人，其中精通礼、乐、射、御、书、数这六种技艺的有七十余人，更有许多受到孔子教诲却没有正式入籍的弟子。孔子的弟子及其再传弟子将孔子及其弟子的言行编纂成书，便是著名的《论语》了。

子曰："学而时习之，不亦说乎？有朋自远方来，不亦乐乎？人不知而不愠，不亦君子乎？"（选自《论语·学而》）

孔子说："学习知识后按时温习，不也是件高兴的事情吗？有志同道合的人从远方来，不也很快乐吗？人家不了解我，我却不恼怒，不也是一个有修养的人吗？"

曾子曰："吾（wú）日三省（xǐng）吾身：为人谋而不忠乎？与朋

典籍里的中国·经典古文

友交而不信乎？传（chuán）不习乎？"（选自《论语·学而》）

曾子说："我每天多次进行自我反省，替别人谋划事情是不是竭尽自己的心力了呢？跟朋友交往是不是做到诚实守信了呢？老师传授的知识是不是复习了呢？"

子曰："吾十有五而志于学，三十而立，四十而不惑，五十而知天命，六十而耳顺，七十而从心所欲，不逾矩。"（选自《论语·为政》）

孔子说："我十五岁就立志学习；三十岁就能立身，有所成就；四十岁遇到事情不感到迷惑；五十岁能知道天道的意旨；六十岁能正确对待不同的意见，不觉得不顺耳；七十岁能顺从意愿，又不越过法度。"

子曰："温故而知新，可以为师矣。"（选自《论语·为政》）

孔子说："温习学过的知识，可以得到新的理解与体会，凭借这点就可以做老师了。"

子曰："学而不思则罔（wǎng），思而不学则殆（dài）。"（选自《论语·为政》）

孔子说："只学习而不思考，就会感到迷茫而无所适从；只思考而不学习，就会感到充满疑惑而没有定论。"

子曰："贤哉，回也！一箪（dān）食，一瓢饮，在陋巷，人不堪其忧，回也不改其乐。贤哉，回也！"（选自《论语·雍也》）

孔子说："颜回多么有贤德啊！一竹篮饭，一瓢水，住在简陋的小巷中，别人都不能忍受这种穷困清苦，颜回却没有改变他好学的乐趣。颜回多么有贤德啊！"

子曰："知之者不如好（hào）之者，好之者不如乐之者。"（选自

《论语·雍也》）

孔子说："懂得学习的人比不上喜爱学习的人，喜爱学习的人比不上以学习为乐的人。"

子曰："饭疏食，饮水，曲肱（gōng）而枕之，乐亦在其中矣。不义而富且贵，于我如浮云。"（选自《论语·述而》）

孔子说："吃粗粮，喝冷水，弯着胳膊做枕头，乐趣也就在其中了。用不正当手段得来的富贵，对于我来说就像天上的浮云一样。"

子曰："三人行，必有我师焉。择其善者而从之，其不善者而改之。"（选自《论语·述而》）

孔子说："多人同行，其中必定有可当我老师的人。我选择他好的方面向他学习，看到他不好的方面就对照自己改正。"

子在川上曰："逝者如斯夫（fú），不舍昼夜。"（选自《论语·子罕》）

孔子在河边说："逝去的一切像河水一样流去，日夜不停。"

子曰："三军可夺帅也，匹夫不可夺志也。"（选自《论语·子罕》）

孔子说："军队的主帅可以改变，平民百姓的志向却不可改变。"

子夏曰："博学而笃（dǔ）志，切问而近思，仁在其中矣。"（选自《论语·子张》）

孔子的弟子子夏说："广泛学习且坚定自己的志向，恳切地发问求教，多思考当前的事情，仁德就在其中了。"

思考与启示

　　《论语》十二章是指从《论语》中节选的十二则语录，涉及学习方法、学习态度及修身做人等方面的内容。这十二则语录蕴含着丰富的人生智慧和深刻启示，可以帮助我们树立正确的人生价值观、加强良好的品德修养、培养正确的学习态度，让我们在人生的道路上走得更加稳健和自信。

拓展阅读

孔子的弟子

　　鲁哀公十六年（前479年），孔子逝世。在他逝世的第二年，人们在山东曲阜孔子的故宅立庙，这是最早的孔庙。到东汉永兴元年（153年），孔庙正式成为国家所立的祠庙。经过历代叠加增修，曲阜孔庙成为规模最大的孔庙。

　　汉代以后，历代帝王多崇奉儒学，下令在京城和各州县建造孔庙。因此，我们现在在北京、南京等地能看到不同朝代、不同规模的孔庙。在北京的孔庙中，除供奉孔子之外，还能看到孔子的弟子颜回、曾参、孟轲、子思四人配祀，称为"四配"，两两相对，东西向，分列在孔子左右。在"四配"之后，还有"十二哲"，分别是闵损（字子骞（qiān）、冉雍（yōng）（字仲弓）、端木赐（字子贡）、仲由（字子路）、卜商（字子夏）、有若（字子若）、冉耕（字伯牛）、宰予（字子我）、冉求（字子有）、言偃（yǎn）（字子游）、颛（zhuān）孙师（字子张）、朱熹（字元晦）。这些弟子的名字在多部儒家经典中曾多次出现。除此十六人外，还有颜刻、漆雕开、曾点、公皙哀、南宫韬、宓（fú）不齐、高柴、澹台灭明等诸多弟子都在历史中留下姓名。

孔子的弟子们是儒家学派中的杰出代表，在传承和弘扬孔子的思想方面发挥了重要作用。他们通过自己的学习、实践和讲学活动，将孔子的思想传递给更多的人，保证了儒家文化的延续。同时，他们从不同的角度对孔子的思想进行了阐释、发展和践行，他们的见解和行为丰富了儒家思想体系，使其更加完善和具体。

典籍里的中国·经典古文

《孟子》

历代学子必读的儒家经典

关于作品

《孟子》：儒家的主要经典之一，书中记载了孟子及其弟子的政治、教育、哲学、伦理等方面的思想观点和政治活动，是研究孟子及思孟学派（指以子思与孟子为代表的儒家学派）的重要历史材料。《孟子》在先秦诸子散文中独具风格，文章思想深刻、说理透彻、气势充沛、长于论辩，有很强的说服力，对后世散文的发展有很大影响。

关于作者

孟子（约前 372 — 前 289）：名轲，字子舆（yú），邹（今山东邹城东南）人。战国时期思想家、政治家、教育家，儒家学派的代表人物。他继承和发展了孔子的思想，被后人尊称为"亚圣"，与孔子合称为"孔孟"。著有《孟子》。

得道多助，失道寡助

> 得道者多助，失道者寡助。寡助之至，亲戚畔之；多助之至，天下顺之。
>
> （选自《孟子·公孙丑下》）

　　小时候，孟子跟母亲居住在墓地附近，孟子整日在墓地嬉戏，不愿意读书学习。孟母非常担忧，便把家搬到了集市附近。没想到，小孟子又模仿商人们夸口买卖的言行。孟母摇了摇头，又把家搬到了一个学宫附近。这回，孟子变得谦逊有礼，举止得体，孟母这才欣慰地安定下来。

　　长大后，孟子对儒学产生了浓厚的兴趣，他曾跟随子思的弟子学习。子思就是孔子的孙子。孟子学业有成后，便决定去游说各国，希望各国诸侯能以仁义治理天下。

　　孟子来到齐国，与齐宣王谈论了诸侯王应当如何推行王道。齐宣王虽然十分欣赏孟子的才华，但却没有任用他。孟子又来到了魏国，开始游说梁惠王。可惜梁惠王不但不听信孟子的主张，反而认为孟子的主张不合时宜、脱离实际。

　　原来，当时秦国任用商鞅，走上了变法图强之路，让秦国变得富足强大。各诸侯国纷纷效仿，都在实行变革。诸侯王们都推崇"合纵连横"的攻伐谋略，而孟子却在此时倡导实施德政。在那些诸侯王眼中，孟子的主张就成了不切实际的空谈。

　　孟子知道自己的主张难以被诸侯王接受，于是回到家乡，与弟子万章等人著书立说，阐发孔子的思想学说，写成《孟子》一书，希望自己的主张流传后世。在这篇短论中，他论证了战争中民心向背的问题，指出民心所向是战争的主要因素，突出了"人和"在战争取得胜利中的决定性作用。

　　天时不如地利，地利不如人和。三里之城，七里之郭，环而攻之而不胜。夫环而攻之，必有得天时者矣，然而不胜者，是天时不如地利也。城非不高也，池非不深也，兵革非不坚利也，米粟非不多也，委而去之，是地利不如人和也。故曰：域民不以封疆之界，固国不以山溪之险，威天下不以兵革之利。得道者多助，失道者寡助。寡助之至，亲戚畔之；多助之至，天下顺之。以天下之所顺，攻亲戚之所畔，故君子有不战，战必胜矣。

　　有利于作战的天气时令，比不上有利于作战的地理形势；有利于作战的地理形势，比不上作战中众人的团结一致。一座方圆三里的内城，有方圆七里的外城，四面包围起来攻打它，却不能取胜。采用四面包围的方式攻打，必定是得到有利于作战的天气时令，可是这样却不能取胜，这是因为有利于作战的天气时令比不上有利于作战的地理形势。城墙不是不高，护城河不是不深，武器装备不是不精良，粮食不是不多，但守城者弃城而逃，这是因为有利于作战的地理形势再好，也比不上人心所向、上下团结啊。所以说：使百姓定居下来不能依靠疆域的界限，巩固国防不能靠山河的险要，威慑天下不能靠武器装备的强大。施行仁政的君主，帮助支持他的人就多；不施行仁政的君主，帮助支持他的人就少。帮助他的人少到了极点，内外亲属都会背叛他；帮助他的人多到了极点，天下人都归顺他。凭借天下人都归顺他的条件，去攻打那连亲属都反对背叛的君主。所以，施行仁政的君主要么不作战，作战就一定能胜利。

思考与启示

人如果品德高尚，行为正义，就更容易得到他人的支持和帮助。相反，一个自私自利、经常欺骗他人的人，当需要帮助时，就很难得到别人的支持。孟子写作此文的目的是告诫统治者，在治国的过程中要认识到"人和"的重要性。这一思想在现代仍然具有重要的现实意义。对于我们个人来说，良好的人际关系能够让我们的生活更加美好，让我们更好地成长。

施行仁政的君主

孟子把孔子"仁"的观念发展为"仁政"学说，主张以德服人的"王道"，反对以力服人的"霸道"，并提出"民贵君轻"的观点，认为让民众安居乐业是治国理政的根本。孟子的仁政主张对后世影响深远，有很多朝代的君主在治理国家时实施仁政，开创了盛世局面。

例如，汉文帝刘恒继位后，深知百姓在秦末汉初的战乱中遭受了巨大的苦难，因此采取了一系列轻徭薄赋的政策，推行刑罚改革，废除残酷的刑罚，节俭治国。文帝之子刘启继位后，继承了汉文帝的政策，继续实行"与民休息"的策略，社会经济因此得到显著发展，出现多年未有的富裕景象。后世史家将文帝与景帝的统治时期并称为"文景之治"。

唐太宗李世民深知"水能载舟，亦能覆舟"的道理，在位期间推行了一系列有利于百姓的政策，如轻徭薄赋、宽缓刑罚、抑制士族势力、发展科举制度等。他还广开言路，重用魏徵、房玄龄、杜如晦等贤才，虚心听取他们的意见和建议，使得朝廷上下能够积极进言，为国家的治理提供了众多良策。当时社会安定，经济复苏，被誉为"贞观之治"。

君主施行仁政，会赢得百姓的支持和爱戴。当君主真正为百姓谋福祉时，百姓会更加认同君主的统治。

《礼记》

儒家礼仪思想集大成的经典著作

关于作品

《礼记》：又称《小戴礼记》，儒家经典之一，是秦汉以前各种礼仪论著的选集，有四十九篇，是研究中国古代社会情况、儒家学说和文物制度的参考书。《礼记》与《周礼》《仪礼》合称"三礼"，与《诗经》《尚书》《易经》《春秋》合称"五经"。

关于作者

戴圣（生卒年不详）：字次君，梁（郡治今河南商丘南）人。西汉经学家，今文礼学"小戴学"的开创者，世称"小戴"。他和他的叔叔戴德一起编订了《礼记》。戴德选编的《大戴礼记》在流传中有所遗失，今天看到的《礼记》是戴圣所编写的《小戴礼记》。

大学之道

"

欲治其国者，先齐其家。欲齐其家者，先修其身。欲修其身者，先正其心。欲正其心者，先诚其意。欲诚其意者，先致其知。

（选自《礼记·大学》）

孔子给弟子传授《诗》《书》《礼》《易》《春秋》《乐》六经，其中《礼》这一部分后来被人们称作《仪礼》。

《仪礼》是春秋、战国时代一部分礼制的汇编，详细记载了古代各种礼仪的具体仪式、程序和规范，包括冠、婚、丧、祭、乡、射、朝、聘等礼仪，可以说是一部关于礼仪操作的"手册"。该书侧重于对礼仪行为的细致描述，让人们能够清楚地了解在不同场合下应该如何恰当地进行礼仪活动。例如《仪礼·士冠礼》详细记载了士阶层男子加冠的整个过程，从前期准备到加冠的每一个步骤都有明确的规定。

但《仪礼》只是记载了周代的礼节形式，却没有记载"礼义"，也就是礼的精神和价值。因此，弟子们在学习《仪礼》的过程中，创作了大量的"记"，用来补充"礼义"，避免"礼"沦为没有价值的虚礼。

后来，秦始皇"焚书坑儒"，烧毁了大量的"记"。直到刘邦建立汉朝后，才开始重视礼仪的制定与执行。礼学从西汉开始逐渐由衰落到兴盛，研究《礼》的经学家越来越多。

西汉儒者戴德与他的侄子戴圣根据留存下来的"记"，分别编纂了《大戴礼记》和《小戴礼记》。东汉著名经学家郑玄为《小戴礼记》做了注解，《小戴礼记》因此流传更广，人们将其称为《礼记》。

宋代，人们将《礼记》中的《大学》《中庸》两篇抽出，与《论语》《孟子》一起，合称"四书"，成为中国古代社会科举取士的初级标准教材。

古人这样重视"大学"，"大学"到底是什么呢？要了解"大学"，首先要了解"小学"。古人一般是八岁开始入学读书，主要学习"洒扫应对进退"之类的礼节和"礼、乐、射、御、书、数"等基础文化知识与技能，这就是"小学"；从十五岁左右起，开始学习伦理、政治、哲学等治国安邦的学问，将所学知识运用到生活、社会和国家治理中，这就是"大学"。

大学之道，在明明德，在亲民，在止于至善。知止而后有定，定而后能静，静而后能安，安而后能虑，虑而后能得。物有本末，事有终始，知所先后，则近道矣。

大学的宗旨在于彰明和弘扬美好的德行，在于亲近惠泽民众，在于达到道德修养的最高境界。知道要达到至善的境界则志向坚定不移，有了明确的目标之后才能达到心不妄动，心不妄动才能性情安和，性情安和才能思虑周详，思虑周详才能处事得当。万物都有根本和细节，凡事都有开始和终结，明白了事物的先后次序，就接近事物发展的规律了。

古之欲明明德于天下者，先治其国。欲治其国者，先齐其家。欲齐其家者，先修其身。欲修其身者，先正其心。欲正其心者，先诚其意。欲诚其意者，先致其知。致知在格物。物格而后知至，知至而后意诚，意诚而后心正，心正而后身修，身修而后家齐，家齐而后国治，国治而后天下平。自天子以至于庶人，壹是皆以修身为本。

古代那些想要在天下弘扬美好德行的人，先要治理好自己的国家；想要治理好自己的国家，先要管理好自己的家庭；想要管理好自己的家庭，先要修养自身的品性；想要修养自身的品性，先要端正自己的心思；想要端正自己的心思，先要使自己的意念真诚；想要使自己的意念真诚，先要获得知识。获得知识的途径在于推究事物的原理，推究了事物的原理才能对外物之理认识充分，对外物之理认识充分后才能意念真诚，意念真诚才能端正自己的心思，端正心思才能修养自己的品性，修养自己的品性后才能管理好家庭，管理好家庭后才能治理好国家，国家治理好了天下才能太平。上至天子，下至平民百姓，一律皆以修养自身的品性为根本。

思考与启示

　　"大学之道"开篇就点明"明明德、亲民、止于至善"的三纲领，这为个人修养提供了明确的目标。格物、致知、诚意、正心、修身、齐家、治国、平天下这"八条目"为个人修养提供了循序渐进的路径。从"格物致知"到"治国平天下"的过程，不仅提醒我们学习不能仅限于书本知识，更强调了"大学之道"的深远意义——它不仅仅要求我们成为有知识的人，更要求我们成为有道德、有社会责任感的人。

拓展阅读

古代礼仪典籍"三礼"

　　《礼记》和《仪礼》《周礼》合称"三礼"，它们是中国古代儒家经典中的三部重要著作，对后世中国的政治制度、伦理观念和文化传统产生了深远影响。"三礼"不仅是洞察中国古代礼仪制度和文化传统的重要窗口，还是研究古代社会制度和文化的宝贵资料。

本篇开篇已经介绍过《仪礼》和《礼记》之间的关系，那《周礼》又讲了什么内容呢？

《周礼》与《仪礼》不同，它主要讲官制和政治制度，详细阐述了周王朝的政治架构、官职设置以及国家治理体系等内容，构建了一个庞大而系统的政治体制框架。

传说《周礼》是西汉景帝之子河间献王刘德从民间收集所得，原名《周官》，一直秘藏于汉宫中，直到孝武之时才现世，但仍秘不示人。西汉末成帝时，刘向、刘歆父子校理秘书时发现了此书，并将其改名为《周礼》，到此，此书才正式公开。

《周礼》共有《天官冢宰》《地官司徒》《春官宗伯》《夏官司马》《秋官司寇》《冬官司空》六篇，记载了周王室的官制和战国时各国的制度，系统、完整地叙述了国家机构设置、职能分工，涵盖了官制、军制、田制、税制、礼制等，为后世历代国家机构建制提供了参照。

《周礼》中天、地、春、夏、秋、冬六官的设置对后代产生了深远影响，如隋朝设立的吏、礼、兵、度支（后改为民）、都官（后改为刑）和工六部，还有唐朝尚书省下设的吏、户、礼、兵、刑、工六部等，历代封建王朝的中央官制都与《周礼》六官框架有关联。

刘德得到此书后，发现缺少《冬官》一篇，因此用春秋末齐国人记录手工业技术的官书《考工记》补入。《考工记》记述百工之事，这也是我国现存最早的手工业工艺技术专著。

《礼记》则对《仪礼》中的礼仪进行了阐释，帮助人们更加深入地理解礼的内涵和意义，同时也对《周礼》中的政治制度和治理理念进行了探讨和反思，提出了一些新的观点和思想。三部经典相互关联、相互补充，共同构成了儒家礼学的丰富内涵和完整体系，对中国古代的政治、文化、社会等方面产生了深远的影响。

典籍里的中国 · 经典古文

《三国志》

最具影响力的三国史书

关于作品

《三国志》：是晋代陈寿所著的一部纪传体断代史，主要记载魏、蜀、吴三国鼎立时期的历史。全书分为《魏书》三十卷、《蜀书》十五卷、《吴书》二十卷，共六十五卷。该书为后世学者研究三国历史提供了重要的原始资料，具有极高的历史价值。

关于作者

陈寿（233—297）：字承祚，安汉（今四川南充北）人。西晋史学家。少年时好学，虽在政治上并不得志，但他勤于治学，著成《三国志》一书，并编有《蜀相诸葛亮集》等。

出师表

> 臣本布衣，躬耕于南阳，苟全性命于乱世，不求闻达于诸侯。先帝不以臣卑鄙，猥自枉屈，三顾臣于草庐之中，咨臣以当世之事，由是感激，遂许先帝以驱驰。
>
> （选自《三国志·蜀志·诸葛亮传》）

自刘备三顾茅庐打动诸葛亮之后，诸葛亮便用自己此后几十年的忠心义举回报了这份厚重的知遇之恩。赤壁之战后，蜀国建立，然而好景不长，关羽大意失荆州，败走麦城后被擒杀。刘备为报关羽之仇，亲率数万大军发起夷陵之战。然而，在这场战役中，蜀国因为"火烧连营"损失了大量军队，刘备也含恨死于白帝城。

刘备在临终前，曾与诸葛亮进行了一场推心置腹的谈话。他希望诸葛亮能继承自己复兴汉室的遗志，如果自己的儿子刘禅能力足够，就辅助他；如果刘禅能力不足，无法担负这样的重任，那么诸葛亮就可以取而代之，自己当皇帝。诸葛亮对刘备的信任感动不已，表示一定会尽心尽力辅佐刘禅。

刘备的去世对蜀汉政权的内部人心产生了一定影响，政权内部也存在不同势力的纷争，亟须进行有效的整合和协调，而刘禅年纪尚轻，缺乏足够的政治经验和领导才能，这导致一些将领和官员对蜀汉的未来感到担忧，信心有所动摇。与此同时，曹魏一直视蜀汉为心腹大患，不断加强军事防御并伺机进攻，蜀汉因此面临着巨大的军事压力。

在这艰难的时刻，诸葛亮提议与吴国缓和关系，以换取国家喘息发展的机会。随后，他平定南蛮，稳定蜀汉的后方。经过一段时间的努力，蜀汉从颓势中略有恢复。尽管诸葛亮对天下局势并不乐观，但他始终以兴复汉室为己任，认为蜀汉作为汉室正统的延续，有责任和义务恢复汉朝的统治。在这种理念的驱使下，他积极谋划北伐等军事行动，试图改变蜀汉在三国中的被动局面。

这可能是蜀汉寻求生路的最后机会，大汉江山是否能够恢复，或许就取决于这一战。在这个决定命运的时刻，诸葛亮心中涌起了无尽的感慨。曾经与他一同建立蜀汉江山的英雄豪杰大都已逝，只剩下他一个人面对现在的局势和蜀汉的未来。他的担忧又能向谁倾诉呢？思来想去，或许只能在离开之前将这些情感呈递给年轻的后主刘禅，于是，在出师之前他写下了这篇感人肺腑的《出师表》。

先帝创业未半而中道崩殂（cú），今天下三分，益州疲弊，此诚危急存亡之秋也。然侍卫之臣不懈于内，忠志之士忘身于外者，盖追先帝之殊遇，欲报之于陛下也。诚宜开张圣听，以光先帝遗德，恢弘志士之气，不宜妄自菲薄，引喻失义，以塞忠谏之路也。

先帝开创的大业未完成一半就中途去世了。现在天下分为三国，我们蜀汉国力薄弱、处境艰难，这实在是国家危急存亡的时候啊。然而侍奉保卫陛下的官员们在朝廷内毫不懈怠，疆场上忠诚有志的将士们奋不顾身，这是因为他们追念先帝对他们的特殊礼遇，想要报答在陛下您身上。陛下这个时候，应该广泛听取意见，以发扬光大先帝遗留下来的美德，鼓舞有远大志向的人的志气，而不应当随意地看轻自己，说不恰当的话，以致堵塞忠言进谏的道路。

宫中府中，俱为一体，陟（zhì）罚臧（zāng）否（pǐ），不宜异同。若有作奸犯科及为忠善者，宜付有司论其刑赏，以昭陛下平明之理，不宜偏私，使内外异法也。

皇宫和丞相府，本是一个整体，晋升、处罚、赞扬、批评，不应该因为在宫中或在丞相府中而不同。如果有做奸邪事情、触犯科条，以及行为忠善的人，都应该交给专门负责的官员对他们进行评定奖罚，以显示陛下公平清明的治理，而不应当有偏袒和私心，使得宫内和丞相府的赏罚标准不同。

侍中、侍郎郭攸（yōu）之、费祎（yī）、董允等，此皆良实，志虑忠纯，是以先帝简拔以遗（wèi）陛下。愚以为宫中之事，事无大小，悉以咨之，然后施行，必能裨（bì）补阙（quē）漏，有所广益。

侍中郭攸之和费祎、侍郎董允等人，都是忠良诚实的人，他们的志向和思虑忠诚纯正，因此先帝将他们选拔出来辅佐陛下。我认为宫中的事务，无论大小，都应该向他们询问意见，然后再去执行，必能弥补缺失疏漏，带来启发和帮助。

将军向宠，性行淑均，晓畅军事，试用于昔日，先帝称之曰能，是以众议举宠为督。愚以为营中之事，悉以咨之，必能使行（háng）

阵和睦，优劣得所。

将军向宠，性情品行善良公正，又精通军务。从前先帝任用他时，称赞他具备才能。因此，大家商议推举向宠担任中部督，负责统领都城的警卫部队。我认为军队中的事情，都应该询问他，一定能使部队团结一心，让拥有不同才能的人各得其所。

亲贤臣，远小人，此先汉所以兴隆也；亲小人，远贤臣，此后汉所以倾颓也。先帝在时，每与臣论此事，未尝不叹息痛恨于桓、灵也。侍中、尚书、长（zhǎng）史、参军，此悉贞良死节之臣，愿陛下亲之信之，则汉室之隆，可计日而待也。

亲近贤臣、疏远小人，这是西汉兴盛的原因；亲近小人、疏远贤臣，这是东汉衰败的原因。先帝在世的时候，常常跟我谈论这些事情，对于东汉桓帝和灵帝在位时宠信宦官、政治腐败的事情，没有一次不感到叹息和痛心遗憾。侍中、尚书、长史、参军，这些官员都是忠正贤明、能够以死报国的忠臣，希望陛下亲近并信任这些贤臣，那么汉朝的兴盛就指日可待了。

臣本布衣，躬耕于南阳，苟全性命于乱世，不求闻达于诸侯。先帝不以臣卑鄙，猥（wěi）自枉屈，三顾臣于草庐之中，咨臣以当世之事，由是感激，遂许先帝以驱驰。后值倾覆，受任于败军之际，奉命于危难之间，尔来二十有一年矣。

我本来只是个普通的平民，在南阳郡亲身耕种。在乱世中，我只是苟且保全自己的性命，不奢求在诸侯中有名望。先帝不因为我地位低微，见识短浅，屈尊就卑，三次亲自到我居住的草庐拜访，向我咨询对时局大事的意见。我因此感奋激发，于是答应为先帝奔走效劳。

后来先帝兵败，我在兵败的时候接受重任，在危难之间奉行使命，自那时以来，已经二十一年了。

先帝知臣谨慎，故临崩寄臣以大事也。受命以来，夙（sù）夜忧叹，恐托付不效，以伤先帝之明，故五月渡泸，深入不毛。今南方已定，兵甲已足，当奖率三军，北定中原，庶竭驽（nú）钝，攘除奸凶，兴复汉室，还于旧都。此臣所以报先帝而忠陛下之职分也。至于斟酌损益，进尽忠言，则攸之、祎、允之任也。

先帝知道我做事小心谨慎，所以临终时把国家大事托付给我。自从接受遗命以来，我日日夜夜担忧叹息，唯恐先帝托付给我的事不能完成，以致损伤先帝的知人之明，因此，我五月渡过泸水，深入到荒凉、未开化的地方。如今南方的叛乱已经平定，兵员装备已经充足，应当鼓励全军将士向北方进军，平定中原，竭尽我平庸的才能，铲除奸邪凶恶的敌人，恢复汉朝的基业，重返原来的都城。这就是我用来报答先帝，并且尽忠陛下的职责本分。至于斟酌利弊，提出忠言建议，那就是郭攸之、费祎、董允等人的职责了。

愿陛下托臣以讨贼兴复之效；不效，则治臣之罪，以告先帝之灵。若无兴德之言，则责攸之、祎、允等之慢，以彰其咎。陛下亦宜自谋，以咨诹（zōu）善道，察纳雅言，深追先帝遗诏。臣不胜受恩感激。今当远离，临表涕零，不知所言。

希望陛下把讨伐曹魏、兴复汉室的任务交给我，如果没有成效，就治罪于我，以祭告先帝在天之灵。如果没有听到让您发扬圣德的话，就要责备郭攸之、费祎、董允等人的疏忽，揭露他们的过失。陛下也应该自己多谋划思考，询问治国的好办法，考察采纳正直合理的言论，深刻追念先帝给您的遗诏。臣当感激不尽。如今我将要离开您踏上远征的路途，面对这份奏表禁不住流下眼泪，也不知所云。

思考与启示

诸葛亮在文中淋漓尽致地展现了对蜀汉政权的忠诚。在生活以及各种人际关系中，忠诚是一种难能可贵的品质。无论是对国家、家庭还是朋友，忠诚都能够建立起信任，使关系更加稳固。诸葛亮的责任感也让我们为之动容，当我们被赋予一定的职责或使命时，也应该勇敢地承担起来，不计个人得失，积极主动地为了目标而努力。诸葛亮自身展现出高尚的品德，不仅赢得了他人的尊重，也为身边的人树立了榜样。这告诉人们，良好的品德修养是个人魅力和影响力的重要来源，能够带动身边的人共同进步。

诸葛亮的故事

隆中对：这是诸葛亮智慧的开篇之作。在刘备三顾茅庐之后，诸葛亮为刘备分析了天下形势，提出先取荆州为立足之地，再取益州建立根基，最后直指中原的战略构想。这一战略规划为刘备指明了方向，也为后来蜀汉的建立奠定了坚实基础。

赤壁之战：这是一场以少胜多的战役，充分展现了诸葛亮卓越的军事才能。他联合周瑜，巧用火攻，大败曹操，从而为三国鼎立局面的出现奠定了基础。

空城计：魏将司马懿率领十五万大军兵临城下，诸葛亮城中兵力空虚。面对如此险境，诸葛亮却大开城门，自己在城楼上悠然弹琴。司马懿生性多疑，见此情形，怀疑城中有伏兵，不敢贸然进城，最终退兵。这一事件充分显示了诸葛亮识人用人之慧。

杜甫写道："出师未捷身先死，长使英雄泪满襟。"陆游写道："出师一表真名世，千载谁堪伯仲间！"在历史的长河中，诸葛亮如璀璨星辰般闪耀，他的故事和传说在后世不断流传，人们对诸葛亮充满了敬仰和喜爱。

《水经注》

现存最系统的综合性地理著作

关于作品

《水经注》：中国古代地理名著，名为注释《水经》，实际上是以《水经》为纲，对原书作了二十倍的补充和发展，自成巨著。全书详细记载了一千多条大小河流及有关的历史事件、人物掌故、神话传说等，文笔绚丽，是一部具有文学价值的地理名著。

关于作者

郦道元（约 470 — 527）：字善长，范阳涿（zhuō）县（今河北涿州）人，北魏地理学家、散文家。他好学博览，文笔深峭，留心考索水道变迁和城邑兴废等地理现象，写有《水经注》。

三峡

> 自三峡七百里中，两岸连山，略无阙处。重岩叠嶂，隐天蔽日，自非亭午夜分，不见曦（xī）月。
>
> （选自《水经注·卷三十四》）

中国地域辽阔，山川壮美，描述地理风物的古籍浩如烟海，其中不乏《山海经》《尚书·禹贡》等经典之作。在东晋，有学者写了一本以水为纲，专门记载河流的地理书——《水经》。这本书记录了全国主要河流的水道情况，是我国第一部系统记载水系的著作。但是《水经》的记述相对简略，内容不够完整，具有很大的局限性。

时间流转至北魏，有个名叫郦道元的人，从小喜欢阅读各种奇书异志，尤其阅读了大量古代地理学著作。年少时，父亲郦范就常带他游历山河，长大以后，郦道元最喜欢的还是与水文地质、自然地理相关的事物。他充分利用在各地做官的机会，实地考察，积累了丰富的地理学知识。每到一个地方任职，他都要利用闲暇时间外出考察，以深入了解当地的地理、历史和人文情况。随后，他将所见所闻与所学知识进行对照核实，系统梳理并记录下一系列的水系变迁、地理特征，以供后人参照。

后来，郦道元因执法公正严厉被御史中尉李彪引荐为官。不久，李彪被人弹劾，郦道元因受牵连被免职。罢官之后，郦道元游历各地，把所见所闻与诸多地理著作进行对照，发现很多地理情况已发生巨变，于是他决定为记述河道水系的专著《水经》作注，以纠正其中的错误。

《水经》中记载了一百三十七条水道，但郦道元的《水经注》竟然有一千二百五十二条之多，作二十倍于原书的补充和发展，自成一部巨著，成为我国历史、地理、水利、考古等研究领域的重要文献。

郦道元的《水经注》用词精准，语言清丽，描写了大量自然景物，许多篇章堪称山水佳作，在文学史上也具有相当高的地位。其中，最著名的便是《三峡》，通过郦道元精彩细腻的描述，一幅巍峨险峻的长江三峡风光图缓缓展开。

自三峡七百里中，两岸连山，略无阙处。重岩叠嶂，隐天蔽日，自非亭午夜分，不见曦月。

在七百里的三峡之间，两岸都是相连的山，全然没有中断的地方。重重叠叠的山峰像屏障一样，遮挡了天空和太阳。如果不是正午或半夜，就看不见太阳或月亮。

至于夏水襄（xiāng）陵，沿溯（sù）阻绝。或王命急宣，有时朝发白帝，暮到江陵，其间千二百里，虽乘奔御风，不以疾也。

等到夏天江水漫上山陵的时候，下行和上行的航道都被阻断，不能通航。如果皇帝的命令要紧急传达，那么早晨从白帝城出发，傍晚就到江陵，这中间有一千二百里的路程，即使乘着飞奔的马，驾着疾风，也没有这么快。

春冬之时，则素湍（tuān）绿潭，回清倒影，绝巘（yǎn）多生怪柏，悬泉瀑布，飞漱（shù）其间，清荣峻茂，良多趣味。

等到春天和冬天的时候，就可以看见碧绿的潭水中激起白色浪花的急流，回旋的清波中倒映着各种景物的影子。极高的山峰上生长着许多奇形怪状的松柏，山峰间悬泉瀑布飞速往下冲荡。水清树荣，山高草盛，有很多乐趣。

每至晴初霜旦，林寒涧肃，常有高猿长啸，属（zhǔ）引凄异，空谷传响，哀转久绝。故渔者歌曰："巴东三峡巫峡长，猿鸣三声泪沾裳。"

每当天刚放晴的时候或者下霜的早晨，树林和山涧就显出一片肃杀凄寒的景象，常常有猿猴在高处拉长声音鸣叫，声音接连不断，凄惨悲凉。空荡的山谷里传来猿鸣的回声，悲凉婉转，很久才消失。所以渔民的歌谣说："巴东三峡巫峡长，猿鸣三声泪沾裳。"

思考与启示

大自然拥有无与伦比的壮美和神奇，人们应该用心去欣赏自然之美，并且对自然怀有敬畏之心。只有心怀敬畏，我们才能更好地保护自然，避免过度开发和破坏。我们要懂得珍惜大自然，保护环境，在日常生活中做到不乱扔垃圾，爱护花草树木；在出门旅游时，不在景区制造垃圾，共同守护我们的美丽家园。

拓展阅读

长江、三峡、三峡工程

长江是我国第一大河，也是亚洲最长的河流、世界第三大河，发源于青海唐古拉山脉，流经青海、四川、西藏、云南、重庆、湖北、湖南、江西、安徽、江苏、上海等省、自治区和直辖市，最终注入东海。长江全长 6 300 千米，流域面积达到 178.3 万平方千米，河口年平均流量为 32400 米^3/ 秒，水量和水力均十分丰富。

三峡位于长江上游，是瞿塘峡、巫峡和西陵峡的合称，这是世界最大的峡谷之一。三峡由地壳上升、河流深切而成，地势险峻，两岸

山峰连绵，悬崖绝壁，谷宽最狭处仅百米，江水汹涌湍急。

长江水量丰富的同时，也存在洪水灾害等问题，因此兴建水利工程显得尤为重要。1919 年，孙中山首次提出建设三峡工程的构想。然而，当时国家四分五裂，战乱频仍，开发三峡、治理长江之梦难以实现。1992 年 4 月，第七届全国人大第五次会议审议并通过了《关于兴建长江三峡工程的决议》。1994 年 12 月 14 日，三峡工程正式开工。至 2020 年 11 月 1 日三峡工程完成整体竣工验收全部程序。

兴建三峡工程，国家投入大量资金，并成功安置了百万移民，使他们逐步脱贫致富。三峡工程在防洪、发电、航运等方面发挥了巨大作用。三峡工程是世界上规模最大的水利枢纽工程之一，拥有 112 项世界之最，并取得了 934 项发明专利。这一工程让长江航道条件得到了极大的改善，保障了包括航运人员在内的广大人民的生命财产安全，有效推动了长江航运业的发展，是名副其实的国之重器。

《世说新语》

现存最早的志人笔记小说集

关于作品

《世说新语》：古代小说集，分德行、言语、政事、文学等三十六门。主要记载汉末至东晋士大夫的言谈和逸事，较多反映当时士族的思想、生活和清谈放诞的风气。语言精练，辞意隽永，对后代笔记文学发展有重大影响。

关于作者

刘义庆（403—444）：字季伯，彭城（今江苏徐州）人。南朝宋文学家。刘义庆为宗室贵族，爱好文学，喜欢招纳文士。撰有《世说新语》和志怪小说集《幽明录》。

王戎不取道旁李

"

树在道边而多子，此必苦李。

（选自《世说新语·雅量》）

刘义庆是南朝宋长沙景王刘道怜之子、宋武帝刘裕之侄。出身皇室的刘义庆自幼聪慧过人，深受宋武帝的赏识。十五岁那年，刘义庆担任了秘书监一职，负责掌管国家的图书著作，这使他得以更便利地博览皇家藏书。当其他同龄人还在勤奋苦读时，二十多岁的刘义庆就已经晋升尚书左仆射，这个职位相当于副宰相，可以说是位极人臣。

当时，刘义隆（后来的宋文帝）和刘义康的"主相之争"日益激烈。后来刘义庆觉得再留在朝廷中枢可能会有杀身之祸，于是便请求外调，同时解除了自己左仆射的职务。离开朝局漩涡后，刘义庆先后来到荆州和江南做刺史。在江南美景中，刘义庆与当地文人、僧人往来频繁，日子过得逍遥自在。

大约在三十八岁那年，刘义庆开始编撰《世说新语》。遗憾的是，此书刚刚编成，刘义庆就因病回京，四十一岁时便去世了。

在《世说新语》中，刘义庆记载了很多汉末至东晋士大夫的言谈、逸事，其中就记载了"竹林七贤"之一王戎幼年之事。

王戎七岁，尝与诸（zhū）小儿游。看道边李树多子折枝，诸儿竞（jìng）走取之，唯（wéi）戎不动。人问之，答曰："树在道边而多子，此必苦李。"取之，信然。

王戎七岁的时候，曾经和很多小孩一起游玩。他们看到路边李子树上果实累累，树枝都被压弯了。许多孩子都争着跑过去摘李子，只有王戎站在原地不动。有人问他为什么不去摘李子，王戎回答说："这树长在路边，竟然还有这么多李子，这一定是苦李子。"摘来一尝，的确如此。

思考与启示

王戎看到道路旁的李子树果实累累却无人采摘，敏锐地观察到这一现象反常，并进行深入思考，这说明他善于运用经验和逻辑推理。当其他小伙伴都争先恐后地去摘李子时，王戎没有盲目跟随，这提醒我们要独立思考，不随波逐流。在当今社会，各种潮流和观点层出不穷，我们很容易受到他人的影响而盲目跟风。因此，我们应该像王戎一样，在面对各种诱惑和流行趋势时保持冷静，根据自己的实际情况和判断做出抉择。

竹林七贤

魏晋时期，王戎、嵇（jī）康、阮籍、阮咸、山涛、向秀、刘伶七人互为好友，经常一起在竹林中聚会、清谈等，被人称为"竹林七贤"。

王戎作为竹林七贤之一，在《世说新语》中多次被提及。除聪明外，王戎还有另一面，他特别喜欢赚钱和积累财富，广泛地购置了四面八方的田地，积攒了无数的钱财。他甚至还亲自拿着算盘，没日没夜地计算着财产，这种行为在当时被人们所嘲笑。

其他六位贤士也各有特色：嵇康善鼓琴，以弹《广陵散》而著称；阮籍与嵇康齐名，他蔑视礼教，常以"白眼"看待"礼俗之士"，在政事上却非常谨慎，常用醉酒的方式在复杂的政治斗争中保全自己；阮咸是阮籍之侄，与阮籍并称为"大小阮"，为人旷放不拘礼法，善弹琵琶；山涛与司马懿有姻亲关系，因司马懿与曹爽争权，山涛隐居在家，后来司马师执魏政时，山涛出仕，并想引荐好友嵇康入仕，但被嵇康拒绝，嵇康还写信与山涛绝交；向秀擅长诗赋；刘伶放诞不羁，酷爱饮酒。

竹林七贤深受老庄思想影响，爱好自然，提倡"越名教而任自然"，他们独特的处世方式和人生态度使之成为中国文化史上一个具有独特魅力的群体。

咏雪

> 俄而雪骤，公欣然曰："白雪纷纷何所似？"兄子胡儿曰："撒盐空中差可拟。"兄女曰："未若柳絮因风起。"
>
> （选自《世说新语·言语》）

　　谢氏家族是东晋时期的名门望族，有着深厚的文化底蕴和崇高的社会地位。谢氏家族的显赫地位的确立与谢安的功绩密不可分。谢安童年时沉着聪明，风度优雅。青年时拜访王濛，两人清谈良久。谢安离开后，王濛大赞于他，王导也非常器重他。王濛和王导都是有影响力的人物，使得年轻的谢安声名远播。

　　因名声太大，谢安多次被征召入仕，但他都以生病为由推辞了，选择居住在会（kuài）稽（jī），与王羲之等人交游往来。直到其弟弟谢万被罢官废黜，谢安才开始有做官的志向，当时他已经四十多岁了。

　　当时，前秦强盛，攻破梁、益、樊、邓等地，谢安在国家面临危机时挺身而出，任命弟弟谢石与侄子谢玄为将领，加强防御，并沉稳指挥，以八万兵力成功抵御了前秦苻坚的八十余万大军，获得淝水大

典籍里的中国·经典古文

捷。淝水之战使谢安一战成名，后来他更是官至宰相，为谢氏家族在东晋的显赫地位奠定了坚实基础。

作为当时的名士和政治家，谢安非常注重对家族子弟的教育，经常组织家庭聚会，与子侄们一起探讨文学、哲学等方面的问题。《咏雪》就记录了这样一个温馨的场景。

谢太傅寒雪日内集，与儿女讲论文义。俄而雪骤，公欣然曰："白雪纷纷何所似？"兄子胡儿曰："撒盐空中差可拟。"兄女曰："未若柳絮因风起。"公大笑乐。即公大兄无奕女，左将军王凝之妻也。

一个冬雪纷飞的日子，谢太傅把家里人聚集在一起，跟小辈们谈论文章的义理。不久，外面的雪下得又大又急，谢太傅高兴地说："这纷纷扬扬的大雪像什么？"他次兄的儿子谢朗说："把盐撒在空中大体可以相比。"他长兄的女儿谢道韫说："不如把它比作柳絮乘风而漫天飞舞。"谢太傅听了，高兴地大笑起来。谢道韫是谢安的大哥谢奕的女儿，也是左将军王凝之的妻子。

谢朗的回答简洁直接，谢道韫的回答则充满诗意和美感。这两种不同的回答展示了每个人独特的思维方式和个性特点。这种宽松的氛围鼓励了子侄们勇敢地表达自己的观点和想法，不被传统的观念所束缚。在日常生活中，凡事没有绝对的答案，我们要学会从不同角度去观察和思考，发挥自己的想象力。在人际交往中，也要给予他人充分的表达空间，尊重每个人的个性差异，不要轻易否定或批评不同的观点。只有这样，才能激发人们的创造力和潜力，促进个人的成长和发展。

拓展阅读

中国古代的"咏絮才"

谢道韫是东晋时期才女的代表，因用柳絮飞舞比拟雪花纷飞，而得到谢安的赞赏。后世便以"咏絮"称扬女子工于吟咏。在我国古典长篇小说《红楼梦》中，就以"咏絮才"形容主人公林黛玉。

在中国古代，除谢道韫之外，还有许多才女在历史的长河里闪耀着熠（yì）熠光辉。如东汉文学家蔡邕（yōng）之女蔡琰，字文姬，自幼博学多才，尤其在文学和音乐方面非常出众。蔡琰曾被匈奴所掳，后归汉，著有《悲愤诗》。全诗一百零八句，叙述了作者被乱军所掠，辗转流入南匈奴，后被赎还乡，见家园残破，心神凄怆的遭遇。这首诗通过作者自身的遭遇，反映了当时社会的动乱。这是中国诗歌史上第一首文人创作的自传体长篇叙事诗。

唐代女诗人鱼玄机善写男女情思，常与温庭筠等以诗篇相赠答。

唐代女诗人薛涛曾居住在成都浣花溪，创制了深红小笺写诗。此笺人称"薛涛笺"。她的诗以赠人之作为多。

南宋女词人李清照早期生活优裕，与丈夫赵明诚共同致力于金石书画的搜集整理。后来金兵入据中原，李清照流寓南方，在丈夫病死后境遇孤苦。因此她前期所作的词多写悠闲生活，后期词作则多慨叹身世，情调感伤，有的也流露出对中原的怀念。她的《漱玉词》是婉约词派的代表。其代表作还有《声声慢》《如梦令》等。

陈太丘与友期行

> 君与家君期日中。日中不至，则是无信；对子骂父，则是无礼。
>
> （选自《世说新语·方正》）

太丘是汉代的一个地名，陈太丘指东汉颍川许县（今河南许昌东）人陈寔（shí）。因为他在太丘这个地方担任太丘长这个官职，所以被称为陈太丘。

陈寔为人仁爱，为政公正，深受百姓爱戴。据说陈寔去世后，去吊唁他的有三万多人。他为官时，当地有争论诉讼的，他总是力求判决公正，给大家讲清道理的曲直，使百姓回去后没有怨言。有的人甚至认为，宁愿受到刑罚的处罚，也不愿被陈寔批评，可见陈寔在人们心中的威望很高。

有一年，正赶上饥荒，百姓困苦。有个盗贼潜入陈寔屋中偷窃，并偷偷藏于房梁上。陈寔发现后，起床整理卧具，清扫居室。然后，他把子孙叫到一块，正色训诫说："人不可不自勉。有的人并不是本来就坏，长期的习惯就会形成一定的性格，以致到了这个地步。房梁上的那位君子就是这种人啊！"盗贼听后大惊，从房梁上跳下来，跪在地上叩头请罪。陈寔说："看你的样子，不像一个坏人，你应该深刻反省自己，做个好人。这次想必因为贫困才干这事的。"然后命令家人送绢二匹给他，让他去做正经生意。当地的盗贼们听闻这件事后，纷纷改过自新，自此之后再没有发生过盗窃事件。

当时，朝中宦官张让权势极大，士大夫们深感不满。张让的父亲与陈寔是同乡，死后送归颍川埋葬。有名气的士大夫们没有一个人前去吊丧，这让张让觉得自己很没面子。唯独陈寔认为此事乃人之常情，便独自去给张父吊丧。张让感念陈寔的吊丧之情，之后多次出手相助，在朝廷动荡中保全了陈寔的性命。

陈寔有六个儿子，其中陈纪、陈谌最为出色。他们兄弟孝顺，家中妇女和睦，乡里的晚辈都羡慕他们家的家风好。父子三人被称为"三君"。陈纪是陈寔的长子，字元方，以良好的德行著称于世。陈寔去世后，元方悲痛至极，常常呕血气绝。虽然服丧期满，但他仍然悲痛过度，身体消瘦，乃至皮包骨头，如同死人一般。豫州刺史认为元方的这种至孝行为难能可贵，于是上表尚书，请求在豫州百城皆画上元方的形象，以劝化风俗。《陈太丘与友期行》中所写之事就发生在元方年幼时。

陈太丘与友期行，期日中。过中不至，太丘舍去，去后乃至。元方时年七岁，门外戏。客问元方："尊君在不（fǒu）？"答曰："待君久不至，已去。"友人便怒曰："非人哉！与人期行，相委而去。"元方曰："君与家君期日中。日中不至，则是无信；对子骂父，则是无礼。"友人惭，下车引之。元方入门不顾。

　　陈太丘跟一位朋友相约同行，约定在正午时分见面。可是，过了正午朋友还没来，陈太丘便丢下朋友先离开了。他离开后，朋友才到。当时陈元方只有七岁，在门外玩耍。朋友问陈元方："令尊在不在？"陈元方回答说："等您好久您没来，他已经走了。"朋友便生气地说："真不是君子啊！和我约好一起出行，却丢下我走了！"陈元方说："您与我父亲约定正午时分见面。到了正午您却没来，就是不讲信用；当着儿子的面责骂他的父亲，就是没有礼貌。"朋友感到很羞惭，下车来拉陈元方，但陈元方走进门里，不再回头看他。

思考与启示

　　故事中，陈太丘与友人约定正午时分见面，但友人过了正午还未到，这是友人的失信。这提醒我们在与他人交往时，应严格遵守约定的时间，答应的事情就要做到，言出必行。诚信守时不仅是对他人的尊重，也是个人品德的体现，能够赢得他人的信任和尊重。元方年仅七岁，却能明辨是非，勇敢地进行反驳，维护了父亲的尊严。这也启示我们，在面对不公正的事情时要敢于表达自己的观点、维护自己的立场，不畏强权，坚守正义。

古代常用的谦辞与敬辞

在《陈太丘与友期行》中,有"尊君"和"家君"之称,"尊君"指的是对方的父亲,"家君"指的是自己的父亲。在古代,对人的称谓常常用到谦辞和敬辞。例如,"家"就是在别人面前称自己辈分高或年纪大的亲属时用的谦辞,如家父、家母、家慈、家兄等;"鄙"常用于表示自己学识浅薄或地位低下,如"鄙人""鄙见"等;"卑"有自谦的意味,如"卑职"是下级官吏对上级的自称;"愚"表示自己愚笨,如"愚兄"是在同辈中面对比自己年轻的人时的自我谦称;"拙"用于对与自己有关的事物的谦称,比如"拙作"用来指自己的作品,"拙笔"是指自己的文字或书画;"小"用于表示自己渺小、低微,比如"小弟"是男性在朋友或熟人面前谦称自己,"小儿"是向别人介绍自己儿子时的谦称;"舍"用来谦称自己的家或自己的卑幼亲属,如"舍弟""舍妹""舍侄"等。

在敬辞方面,"尊"和"贤"都表示尊重,如"尊兄""尊驾""尊夫人""贤弟""贤妻";"令"也表示对别人亲属的尊敬,含"美好"之意,如称对方父母为"令尊""令堂",称对方兄妹为"令兄""令妹",称对方儿女为"令郎""令爱";用"惠"表达对方对自己的行为,如"惠临""惠顾"指对方到自己这里来,"惠存"指请别人保存自己的赠品。

《艺文类聚》

现存最早的一部完整的官修类书

关于作品

《艺文类聚》：一部综合性类书。类书是指按照一定方法编排，以便于检索、征引的工具书。该书是中国现存最早的一部完整的官修类书，它保存了中国唐代以前丰富的文献资料，尤其是许多诗文歌赋等文学作品。与《北堂书钞》《初学记》《白氏六帖》合称"唐代四大类书"。

关于作者

欧阳询（557—641）：字信本，潭州临湘（今湖南长沙）人。唐代书法家。他的书法风格独特，被称为"欧体"，对后世影响很大。他和颜真卿、柳公权、赵孟頫（fǔ）合称为"楷书四大家"。与虞世南、褚（Chǔ）遂良、薛稷并称"唐初四大书家"。

与朱元思书

夹岸高山，皆生寒树，负势竞上，互相轩邈（miǎo），争高直指，千百成峰。泉水激石，泠（líng）泠作响；好鸟相鸣，嘤嘤成韵。

（选自《艺文类聚·卷七》）

吴均的祖上世代贫苦，没有出现过显赫人物，但他自小才思敏捷，所以家人一直对他寄予厚望，期待他能光耀门楣。实际上，吴均也没有辜负家人的期望，他一直认真读书，才情卓越。

当时著名文学家沈约偶然间读到吴均的文章，便对他赞不绝口。此后，吴均的文章越发清丽脱俗，自成一派，文人学子纷纷效仿他的写作风格，他的文体被称为"吴均体"。

吴均入朝为官后，主要掌管文书方面的事务。他曾上表请求编撰前朝史书，梁武帝不同意，于是私撰《齐春秋》呈给梁武帝。武帝以他写的书不符实际为名，派中书舍人刘之遴提出书中的几十条记载诘问吴均。吴均一时无法应答，武帝便下命令把书交尚书省焚毁，吴均也因此而被免职。

　　吴均早前已经见识到官场的污浊，加上此次焚书事件的打击，他内心疲倦不堪，索性选择就此离去，隐于山间。一次乘船途中，吴均被奇山异水所吸引，陶醉于大自然的美景之中，于是将自己的游览经历和内心感受写成一封信寄给好友朱元思。

　　风烟俱净，天山共色。从流飘荡，任意东西。自富阳至桐庐一百许里，奇山异水，天下独绝。

　　烟雾都消散殆尽，天空和群山呈现出同样的颜色。我乘船随着江流漂荡，任凭船随意向东或向西漂流。从富阳到桐庐约一百里的水路上，山水奇异，是天下独一无二的美景。

　　水皆缥（piǎo）碧，千丈见底。游鱼细石，直视无碍。急湍（tuān）甚箭，猛浪若奔。

　　水都是浅青色的，千丈深也能直视水底。游动的鱼儿和细小的石头都可以直接看见，毫无障碍。湍急的水流比箭还快，凶猛的巨浪好像奔腾的骏马。

　　夹岸高山，皆生寒树，负势竞上，互相轩邈，争高直指，千百成峰。泉水激石，泠泠作响；好鸟相鸣，嘤嘤成韵。蝉则千转（zhuàn）不穷，猿则百叫无绝。鸢（yuān）飞戾（lì）天者，望峰息心；经纶（lún）世务者，窥谷忘反。横柯（kē）上蔽，在昼犹昏；疏条交映，有时见日。

　　江两岸的高山上，全都生长着郁郁葱葱的树木，使人心生寒意。山峦凭借高峻的地势争着向上伸展，彼此向着高处和远处伸展，竞争着笔直地向上，直插云天，形成了千百座山峰。泉水撞击在石头上，发出泠泠的清越水声；美丽的鸟儿相互和鸣，嘤嘤的叫声和谐动听。蝉长久不断地鸣叫，猿猴接连啼叫不停。极力追求名利的人，看到这些雄伟的山峰就会平息名利之心；忙于治理国家大事的人，看到这些幽美的山谷，就会流连忘返。横斜的树枝遮蔽天日，即使在白天，林间也仿佛是黄昏那样昏暗；稀疏的枝条交相掩映，有时还能瞥见一缕阳光。

思考与启示

"鸢飞戾天者，望峰息心；经纶世务者，窥谷忘反"，表达了吴均对追名逐利之人的规劝以及对宁静生活的向往。从古至今，人们常常忙于追逐功名利禄，而忽略了内心的真正需求。这篇文章提醒人们要适时放下外在的功利追求，给自己一些时间和空间，去倾听内心的声音，寻找那份属于自己的宁静与平和，这样才能更好地享受生活。

文人墨客的精神圣地——富春山

《与朱元思书》所描写的美景就在富春江一带，这一带也被称为"富春山"。富春山不仅有着如诗如画的自然美景，还有着丰厚的文化底蕴。东汉著名的隐士严光曾在此隐居不仕，吸引了后世众多仕途不顺、人生失意的文人墨客来此寻找精神寄托，获得内心宁静。据粗略统计，古代有一千多名诗人在富春江留下大量诗句，如李白、白居易、陆游、范仲淹、杜甫、王维等。李白曾写："长揖（yī）万乘君，还归富春山。"苏轼曾写："一叶舟轻，双桨鸿惊。水天清、影湛（zhàn）波平。"

到了元代，大画家黄公望一生遍游名山大川，在古稀之年云游到富春江畔，被此处美景吸引，就此居住下来，花费七年时间，将富春江两岸数百里景色画下来，画出了一幅充满传奇色彩的水墨名画《富春山居图》。这幅名画在清初遭到火烧，分成两段，前段《剩山图》如今收藏在浙江省博物馆，后段《无用师卷》收藏在台北故宫博物院。2011 年 6 月，《富春山居图》两段在台北故宫博物院首度合璧展出。

《富春山居图》是中国山水画的经典之作，对后世的绘画创作和艺术发展产生了深远影响。同时，它也是两岸关系和谐友好的重要纽带，带着富春江一带的美景，在今天谱写着新的故事。

《资治通鉴》

第一部编年体通史

关于作品

《资治通鉴》：中国历史上第一部编年体通史，按年、月、日顺序，记载了战国至五代期间一千三百多年的历史，历时十九年完成。宋神宗认为此书"鉴于往事，有资于治道"，特赐名《资治通鉴》。

关于作者

司马光（1019—1086）：字君实，号迂叟。陕州夏县（今属山西）涑（sù）水乡人，世称涑水先生。北宋大臣，著名史学家、文学家。他反对王安石变法，自请离京到西安任职，在洛阳十五年潜心修史，主持编撰了《资治通鉴》。

孙权劝学

> 及鲁肃过寻阳，与蒙论议，大惊曰："卿今者才略，非复吴下阿蒙！"蒙曰："士别三日，即更刮目相待，大兄何见事之晚乎！"
>
> （选自《资治通鉴·卷六十六》）

东汉末年，政治腐败，皇帝昏庸，宦官与外戚争权夺利，导致朝政混乱不堪。地方上，豪强地主势力崛起，他们兼并土地，拥兵自重，对百姓进行残酷的剥削和压迫。加之自然灾害频繁，百姓生活困苦，民不聊生，社会矛盾日益尖锐。

在这样的背景下，农民起义此起彼伏，其中以张角领导的黄巾起义规模最大。虽然黄巾起义最终被镇压，但它沉重打击了东汉王朝的统治，使得各地州郡长官和豪强势力趁机壮大，形成了割据一方的局面。

孙策出身于江东名门望族，他的父亲孙坚是一位勇猛善战的将领。在镇压黄巾起义和讨伐董卓的战争中，孙坚屡立战功，威名远扬。然而，孙坚在攻打刘表的战争中不幸战死，当时孙策年仅十七岁。父亲去世后，孙策为继承父亲遗志，带着家人和部曲依附袁术。在袁术麾下，孙策屡立战功，但袁术却多次食言，不兑现对孙策的承诺。孙策深感失望，于是决定脱离袁术，独自开创一番事业。

兴平二年（195年），孙策率军渡江，削平当地割据势力，据有吴、会稽等五郡，自领会稽太守。后又夺取庐江郡，依靠周瑜、张昭等南北士人，在江东地区建立孙氏政权。还与曹操等北方势力保持联系，在政治上采取灵活的策略，为孙吴政权的发展奠定了坚实的基础。

孙策在统一江东后，势力日益壮大，引起了曹操等北方势力的忌惮。同时，他在江东也树敌不少。建安五年（200年），孙策在丹徒狩猎时，不幸被许贡的门客刺杀。临终前，他将江东基业托付给张昭等老臣，而后身亡。

孙策死后，其弟弟孙权继任，据有江东六郡。建安十三年（208年），孙权与刘备联合抗曹，大败曹操于赤壁。战后，孙权地位更加巩固，刘备据有荆州大部地区，又取得益州。至此，形成曹、孙、刘三方鼎立的局面。

孙权年纪轻轻就继承了兄长孙策的大业，他深知要想让东吴在这乱世中长久立足，必须有众多有才能的人辅佐。与此同时，东吴朝堂上也有着各种势力的较量，张昭权势渐重，与孙权之间时有矛盾。此时，吕蒙在张昭的举荐下崭露头角。

吕蒙出身行伍，勇猛善战，在战场上屡立战功。孙权欣赏其军事才能，想将他拉拢到自己的阵营，以平衡朝堂势力。因此，孙权一直关注着吕蒙的成长。但吕蒙文化水平不高，孙权觉得他如果能多读些书、增长学问，必定能在未来发挥更大的作用。在这样的背景下，孙权决定劝说吕蒙多读书学习，提升自己的素养，以便更好地为东吴效力。

初，权谓吕蒙曰："卿今当涂掌事，不可不学！"蒙辞以军中多务。权曰："孤岂欲卿治经为博士邪（yé）！但当涉猎，见往事耳。卿言多务，孰若孤？孤常读书，自以为大有所益。"蒙乃始就学。及鲁肃过寻阳，与蒙论议，大惊曰："卿今者才略，非复吴下阿蒙！"蒙曰："士别三日，即更刮目相待，大兄何见事之晚乎！"肃遂拜蒙母，结友而别。

当初，孙权对吕蒙说："你现在当权掌管政事，不可以不学习！"吕蒙以军中事务繁多为由来推托。孙权说："我难道是想要你研究儒家经典成为学官里的博士吗？只是应当粗略地阅读，了解历史罢了。你说军中事务繁忙，谁能比得上我呢？我经常读书，自认为有很大的好处。"吕蒙于是开始学习。等到鲁肃经过寻阳的时候，和吕蒙谈论议事，鲁肃十分吃惊地说："你现在的才干和谋略，不再是以前那个吴地的阿蒙了！"吕蒙说："与读书的人分别几天，就要另外用新的眼光来看待他。兄长你怎么这么晚才认识到这一点呢！"鲁肃于是拜见吕蒙的母亲，与吕蒙结为朋友才分别。

思考与启示

　　吕蒙的故事告诉我们，无论拥有何种身份、身处何种地位或人生阶段，都应该认识到学习是不断进步的源泉。持续学习可以让我们开阔视野、增长见识、提升技能，从而更好地应对各种挑战。同时，我们不要被过去的经历所局限，要勇于突破自我，尝试学习新的领域的知识。每个人都有无限的潜力，只要愿意学习，就能够开拓新的天地，实现自我超越。

拓展阅读

司马光和《资治通鉴》

　　司马光自幼手不释卷，七岁时不仅能背诵《左氏春秋》，还能讲明其中的要义。一次，一个小孩登上瓮缸，失足落水，周围的小孩都慌忙逃散，只有司马光沉着冷静，搬起石头砸破瓮缸，落水小孩因此得救。此后这一故事在京城、洛阳间广为流传，还被画成图画。

　　二十岁时，司马光考中进士甲科，宋仁宗亲赐宴席和红花以示嘉奖。没过几年，司马光父母相继病逝，他守丧多年，因过度悲伤而身体瘦弱。在此期间，他读了很多有价值的文章，也深入了解了下层社会的疾苦。

治平三年（1066年），司马光写完战国至秦的《通志》八卷，呈献给宋英宗。英宗看后大为赞赏，并给了司马光两条明确指示：第一条是接续《通志》，往下编修；第二条是设立书局，由司马光自择官属作为自己的助手。

宋神宗赵顼（xū）即位以后，朝廷开始重用主张变法的王安石。司马光反对王安石的新政，于是推辞了朝廷委任自己为枢密副使的任命；又见好友因反对王安石而被罢官，心中愤愤不平，便退居洛阳，一心写书。

六十三岁时，司马光突然变得语言迟钝，他觉察自己时日不多，于是预先写好遗表，委托好友在自己死后上呈朝廷。当时，《通志》还未完成，神宗多次催促。直至司马光去世前两年，这本书才完成。全书贯穿一千三百六十二年史事，取材广泛，除十七史以外，还有野史、传状、文集、谱录等。协助编撰者各尽所长，分段负责，先排比材料为"丛目"，再编成"长编"，然后由司马光总其成，删为定稿。这部书共历时十九年才完成。神宗十分重视此书，把书的每编首尾都盖上了皇帝的睿思殿图章，并以"鉴于往事，有资于治道"为由重新赐名为《资治通鉴》，还亲自为这部书写了序。

《梦溪笔谈》

中国科学史上的里程碑式著作

关于作品

《梦溪笔谈》：一部笔记体百科全书式的著作。内容十分丰富，涉及天文、数学、物理、化学、生物、地质、地理、气象、医药、农学、工程技术、文学、史事、音乐和美术等。其中自然科学部分，总结了中国古代，特别是北宋时期的科学成就，如毕昇发明活字版印刷术等。在世界文化史上有重要地位，有人称其为中国科学史上的里程碑。

关于作者

沈括（1031—1095）：字存中，杭州钱塘（今浙江杭州）人。北宋科学家、政治家。沈括博学多闻，对天文、地理、音乐、医药等多学科知识都非常精通，在众多学科领域都有很深的造诣和卓越的成就。其代表作有《梦溪笔谈》《良方》等。

活板

" 用胶泥刻字，薄如钱唇，每字为一印，火烧令坚。

（选自《梦溪笔谈·卷十八》）

天圣九年（1031 年），沈括出生。虽然老来得子，但沈氏夫妇对沈括却并不溺爱，而是严格要求，悉心教导。沈括早年跟随父亲宦游各地，在福建一带，沈括发现当时有百姓误食钩吻而亡的事件。沈括派人取来一株完整的植株观察，发现《酉（yǒu）阳杂俎（zǔ）》对钩吻的描述是错误的，同时他认为《神农本草经》中记载的能治疗病症的钩吻可能是另一种植物，而眼前这种则是一种俗称断肠草的剧毒植物。这时候沈括不过十几岁，可见他自小就对杂学颇感兴趣。

熙宁五年（1072 年），四十一岁的沈括任提举司天监。他发现掌天象历数的官员对天象、历算、图谱仪器全然不懂，于是重新设立了浑天仪、浮漏、景表三仪，推荐卫朴修新的历法《奉元历》。他还号召全国各地上献太史占书，同时在司天监任用知识渊博的读书人。

好景不长，大臣蔡确指责沈括"反复无常，附会大臣"。沈括无力辩驳，最终宋神宗贬了他的官，命令他驻守西夏，以副总管身份随名将种谔西征夏国。沈括先后攻下银州、宥（Yòu）州，为朝廷立下了汗马功劳。朝廷对此十分高兴，将沈括提升为龙图阁学士。

当时，朝廷正派徐禧在边防要地永乐（今陕西米脂西北）筑城，同时让沈括去接济军用物资。不久，西夏攻陷永乐。但此时，沈括因为西夏袭击绥德，于是先去救援绥德，不能分兵支援永乐。朝廷认为永乐之败沈括有不可推卸的责任，于是又将沈括贬为均州团练副使。

元丰八年（1085年），神宗驾崩，其子赵煦继位，是为宋哲宗。哲宗大赦天下，沈括也被允许在外州居住。接到诏命后，沈括举家搬到润州（今江苏镇江一带），建造"梦溪园（今江苏镇江东）"隐居，并凭借平生见闻创作了《梦溪笔谈》。在这部书中，沈括详细记录了当时的科学发展和生产技术的情况，其中就记载了发明活字印刷术的毕昇。

活字印刷术也叫活版印刷术。在毕昇发明它之前，人们主要使用雕版印刷术来印书。但雕版制作耗时费力，一旦雕版上的内容出现错误，修改起来就非常困难，且每印一种新书都需要重新雕刻一套雕版，成本较高。雕版多用枣木、梨木制作，因此人们也将滥刻无用的书称为"祸枣灾梨"。而毕昇发明的活字印刷术在一定程度上克服了这些缺点，提高了印刷的效率和灵活性。

毕昇早年是一个印刷铺工人，他在长期实践中发明了活字印刷术。但他的发明在当时未受到重视。他去世后，其发明的部分泥活字被沈括的堂兄弟、子侄辈获得，引起沈括重视，并将该发明记录下来。

板印书籍，唐人尚未盛为之。自冯瀛（yíng）王始印五经，已后典籍皆为板本。

用雕版印刷书籍，在唐朝时期还没有广泛流行。从冯瀛王开始大规模印刷五经，以后的各种重要文献书籍就大多采用雕版印刷了。

庆历中，有布衣毕昇，又为活板。其法：用胶泥刻字，薄如钱唇，每字为一印，火烧令坚。先设一铁板，其上以松脂、蜡和（huò）纸灰之类冒之。欲印，则以一铁范置铁板上，乃密布字印，满铁范为一板，持就火炀（yáng）之；药稍镕，则以一平板按其面，则字平如砥（dǐ）。若止印三二本，未为简易；若印数十百千本，则极为神速。常作二铁板，一板印刷，一板已自布字，此印者才毕，则第二板已具，更（gēng）互用之，瞬息可就。每一字皆有数印，如“之”“也”等字，每字有二十余印，以备一板内有重复者。不用，则以纸贴（tiè）之，每韵为一帖，木格贮之。有奇字素无备者，旋刻之，以草火烧，瞬息可成。不以木为之者，木理有疏密，沾水则高下不平，兼与药相粘，不可取；不若燔（fán）土，用讫（qì）再火令药镕，以手拂之，其印自落，殊不沾污。

庆历年间，有个平民叫毕昇，他发明了活字印刷术。其方法是：用胶泥刻字，字模薄得像铜钱的边缘，每个字刻一个字模，用火烧使它坚硬。先设置一块铁板，在它的上面用松脂、蜡混合着纸灰一类东西覆盖好。想要印刷时，就把一个铁制模框放在铁板上面，然后在铁框内密密地排上字模，排满了一铁框就成为一块印版。接着拿它靠近火烘烤，待那些混合的松脂、蜡和纸灰稍稍熔化，就用一块平板按在字模上面，那么活字就平得像磨刀石一样。如果只印两三本，（这方法）不能算是简便；如果印几十本乃至成百上千本，那就极其快速。通常是做两块铁板，这一块在印刷，那一块已另外在排字了。这块才印刷完，第二块板已经准备好了，两块相互交替使用，很短的时间就能完成。每一个字都有好几个印模，像"之""也"等字，每个字有二十多个印模，用来防备同一版内有重复的字。不印书时，就用纸来标记活字，每个韵部做一个标签，用木格分别贮存这些活字。遇到平时没有准备的生僻字，随即刻制，用草烧火烘烤，一会儿就能制成功。之所以不用木料制作字模，是因为木头的纹理有疏有密，沾水后会变得高低不平，再加上木刻的字会和混合物粘在一起，拿不下来。不像用胶泥烧制的字模，印完后再用火一烤，使混合物熔化，用手拂拭，那些字模就会自己掉下来，根本不会被混合物弄脏。

昇死，其印为余群从所得，至今宝藏（cáng）。

毕昇死后，他的字模被我的堂兄弟和子侄辈得到，到现在还珍藏着。

思考与启示

　　毕昇发明活字印刷术是对传统印刷方式的重大突破与创新，极大地提高了书籍的印刷效率，使得知识能够更广泛地传播。这一发明改变了人们获取知识的方式，促进了文化的繁荣和社会的发展。这启示我们，科技创新是推动社会进步的重要力量。在当今时代，我们应鼓励和支持科技创新，不断探索新的技术和方法，以解决社会面临的问题。只有积极创新，才能在竞争中占据优势，为个人和社会带来更大的发展机遇。

拓展阅读

《梦溪笔谈》中的其他记载

　　除毕昇之外，《梦溪笔谈》中还记载了很多技艺高超的人。如上文中所写的沈括推荐的修《奉元历》的卫朴，相传他是个盲人，但十分精通历法，不用计算工具就能够推算出日食月食。《春秋》中记载日食三十六次，卫朴能推算出三十五次，只有鲁庄公十八年（前676年）的一次日食，从古至今的算法都不认为这次会发生日食，怀疑是前代史书记载有误。他曾经让人抄写历书，抄完后让人读给他听，他能听出哪一处错了哪个字。有人故意移动他的计数工具，卫朴从上到下用手摸一遍，就能摸到移动数字的地方，拨正后便离开。

木工喻皓擅长营造，尤其擅长建塔。喻皓在开封建造开宝寺塔时，考虑到开封经常刮西北风，于是建造塔时特意将塔身略向西北倾斜，这样就可以抵抗主要风力。日久天长，塔身因风力作用而逐渐趋于正直。欧阳修称赞他是"国朝以来木工，一人而已"。他撰写的《木经》是中国古代重要的建筑专著，但可惜已经散佚。

黄河水工高超，庆历八年（1048 年）黄河一处决口，造成大灾。宋仁宗派大臣治河，封堵堤坝决口屡次不能成功。高超建议采用"合龙门埽（sào）"三节沉压法，但大臣并未采纳他的建议。水灾迟迟不能解决，大臣被革职查办。之后，高超再次提出建议，终于被河北安抚使采纳，成功封堵了堤坝的决口。

《唐宋八大家文钞》

确立唐宋八大家文学地位的典籍

关于作品

《唐宋八大家文钞》：选取唐宋八大家，包括唐代的韩愈、柳宗元，宋代的欧阳修、王安石、曾巩、苏洵、苏轼、苏辙的优秀文章汇编成册。全书一共一百六十四卷，对每位作家的文章都进行了精心挑选，旨在通过选录八家之文来宣扬唐宋派的文学观点。唐宋派的主张是学习唐宋古文。该作品的流行，使得"唐宋八大家"的名号广泛传播，成为中国古代文学史上的一个重要概念。

关于作者

茅坤（1512—1601）：字顺甫，号鹿门，归安（今浙江湖州）人。明代文学家，唐宋派的代表人物。他主张学习唐宋古文，反对前后七子"文必秦汉"的复古主张，尤其推崇韩愈的文章。茅坤曾编选《史记钞》《唐宋八大家文钞》《欧阳史钞》。

马说

世有伯乐，然后有千里马。千里马常有，而伯乐不常有。

（选自《唐宋八大家文钞·卷十》）

  韩愈是唐代古文运动的倡导者，他曾因士大夫阶层中"耻学于师"的风气盛行而深深忧虑，于是借弟子李蟠的提问撰写了《师说》；因谏阻宪宗迎佛骨而写下《论佛骨表》；在任潮州刺史时因当地鳄鱼为患，危害百姓生命和庄稼，他写下《祭鳄鱼文》以祈求鳄鱼离去……韩愈因其杰出的文学成就被列为"唐宋八大家"之首。

  韩愈生于 768 年，从小父母双亡，成了孤儿，被堂兄抚养。他和侄子韩老成（十二郎）虽为叔侄，但实则情同手足，在孤苦伶仃的环境中共同成长，感情极为深厚。多年后，侄子去世，韩愈为他写下了著名的《祭十二郎文》，寄托自己对十二郎的深切哀思和无尽怀念。

  韩愈长大后，想通过乡试前往长安求官。在两年时间内，他三次参加科举考试都没有成功，直到第四次参加进士考试终于成功。之后，韩愈三次给宰相上书，希望能得到重用，但都没有得到回应。

当时，唐朝在安史之乱之后，社会动荡不安，政治腐败，虽然有科举制度以选拔人才，但是官场中存在许多不公平的现象，许多有才能的人得不到应有的重视。韩愈求仕无门，郁郁不得志，他将自己的这种遭遇和感受以及对人才被埋没的社会现象的深刻思考写成了《马说》。

世有伯乐，然后有千里马。千里马常有，而伯乐不常有。故虽有名马，祇（zhǐ）辱于奴隶人之手，骈（pián）死于槽枥（lì）之间，不以千里称也。

世上先有伯乐，然后有千里马。千里马经常有，但是伯乐这样的人不常有。因此，虽然有名贵的马，也只能在养马的奴仆手里被埋没，和普通的马一同死在马厩（jiù）里，不能以千里马著称。

马之千里者，一食或尽粟（sù）一石（dàn）。食（sì）马者不知其能千里而食也。是马也，虽有千里之能，食不饱，力不足，才美不外见（xiàn），且欲与常马等不可得，安求其能千里也？

日行千里的马，一顿有时就能吃尽一石粮食。喂马的人不知道它能行千里，而像普通的马那样喂它。这样的马虽然有日行千里的能力，但因为吃不饱，力气不够，才能和美德不能显现出来。想要它和普通的马一样尚且做不到，怎么能够要求它日行千里呢？

策之不以其道，食（sì）之不能尽其材，鸣之而不能通其意，执策而临之，曰："天下无马！"呜呼！其真无马邪？其真不知马也！

用马鞭赶它，却不使用驱使千里马的正确方法；喂它，却不能让它竭尽才能；它鸣叫，却不能通晓它的意思。拿着马鞭面对它，说："天下没有千里马！"唉，是真的没有千里马吗？大概是不认识千里马吧！

思考与启示

社会上并不缺少有能力、有才华的人，但真正缺少的是能够发现、欣赏并正确使用这些人才的人。尽管"伯乐不常有"，但我们仍要不断提升自己的才能，并且要勇于自我推荐，当机会来临时，要像毛遂一样勇敢地自荐，以展示自己的才能。

拓展阅读

中国古代的科举考试

从隋朝时期起，古代的读书人就需要参加科举考试。科举是通过考试选拔官吏的制度，前后延续了一千三百多年。

科举制创立于隋朝隋文帝时期，这时科举还只有一个雏形，只分秀才和明经两科。到了隋炀帝时期，增设进士科，标志着科举制度正式确立。

唐代完善了科举制度，除进士科外，复设秀才、明经、明法、明书、明算诸科，又有一史、三史、开元礼、童子、道举等科。明经主要考查对儒家经典的记忆和理解，相对容易，所以有"三十老明经"

的说法；而进士科难度较大，要考策论和杂文，有"五十少进士"的说法，说明五十岁考中进士都算年轻的。韩愈在唐德宗贞元八年（792年）考中进士。那年他才二十四岁，说明韩愈的才能非常出众。

宋朝科举考试的规则进一步完善，明清时期科举制度逐渐僵化，考试内容基本是儒家经义，文章格式规定为八股文。

科举考试的等级主要分为童生试、乡试、会试、殿试。童生试合格后取得秀才资格；乡试考后有正、副榜，正榜称举人，第一名称解元；会试录取后称贡士，第一名称会元；殿试是科举制最高级别的考试，由皇帝在殿廷上对贡士亲自策问，录取分为三甲，一甲三名，第一名称"状元"，第二名称"榜眼"，第三名称"探花"，二甲若干名，获得"进士出身"的称号。

如果在科举考试中，在乡试、会试、殿试三试中连续获得第一名，被称为"连中三元"。科举考试应试中选称及第，如进士及第等；应试未中称落第、下第。

典籍里的中国·经典古文

小石潭记

潭中鱼可百许头，皆若空游无所依，日光下澈，影布石上。佁（yǐ）然不动，俶（chù）尔远逝，往来翕（xī）忽，似与游者相乐。

（选自《唐宋八大家文钞·卷二十三》）

柳宗元从小就展现出了惊人的写作才华，加之博览群书，刻苦钻研，长大后写出的文章甚至能与前代先贤媲美，因此在文坛备受推崇。

步入仕途后，柳宗元得到王叔文的赏识。德宗时，王叔文与王伾（pī）同侍东宫，顺宗即位后，改年号为"永贞"。王叔文联合王伾、柳宗元、刘禹锡等人，力图革除弊政，贬贪官，罢宫市（德宗时派宦官在长安购买民间货物，称"宫市"，宦官采买时付价甚少，或竟不付价，甚为扰民），筹划夺取宦官兵权。这场以王叔文为首的政治革新运动也被称为"永贞革新"，旨在打击宦官势力，减轻百姓负担。

当时，柳宗元积极参与了王叔文的改革，是革新派的重要人物之一。然而，革新运动仅仅持续了一百多天就以失败告终。宦官俱文珍等迫使顺宗禅位于宪宗，王叔文被杀，柳宗元被贬为邵州刺史。赴任途中，又被改贬为永州司马。永州地处偏远，环境恶劣，且在此期间，他的母亲不幸去世。面对政治上的失意和生活中的种种不幸，柳宗元内心充满愤懑（mèn）和痛苦。为了排解内心忧愁，他开始外出游览山水，并有感而发，写下许多优美的文章，把困顿抑郁之情全都寄托在文章之中。著名的山水游记《永州八记》就创作于这一时期，《小石潭记》便是其中之一。

从小丘西行百二十步，隔篁（huáng）竹，闻水声，如鸣珮环，心乐之。伐竹取道，下见小潭，水尤清冽（liè）。全石以为底，近岸，卷石底以出，为坻（chí），为屿，为嵁（kān），为岩。青树翠蔓（wàn），蒙络摇缀，参差披拂。

从小丘向西走一百二十多步，隔着竹林，可以听到潺（chán）潺的水声，就好像人身上佩戴的珮环碰撞的声音，令人心生欢喜。于是砍倒竹子，开辟出一条道路，沿路走下去，便看见了一个小潭，潭水格外清澈。小潭以整块石头为底，靠近岸边的地方，石底周边部分翻卷过来，露出水面，有的成为水中高地，有的像是水中的小岛，有的像是凹凸不平的岩石，有的宛如高峻的山崖。青葱的树木，翠绿的藤蔓，蒙盖缠绕，摇曳牵连，参差不齐，随风飘拂。

潭中鱼可百许头，皆若空游无所依，日光下澈，影布石上。怡然不动，俶尔远逝，往来翕忽，似与游者相乐。

小潭中大约有一百来条鱼，全都好像在空中游动，没有什么依傍的，阳光照到水底，鱼的影子映在水底的石头上。鱼儿静止不动的样子，忽然间又向远处游去，来来往往，轻快迅疾，好像在和游玩的人玩耍。

潭西南而望，斗折蛇行，明灭可见。其岸势犬牙差（cī）互，不可知其源。

向小石潭的西南方看去，溪水像北斗星那样曲折，像蛇那样蜿蜒前行，时隐时现。溪岸的形状像狗的牙齿那样交错不齐，不知道溪水的源头在哪里。

坐潭上，四面竹树环合，寂寥无人，凄神寒骨，悄（qiǎo）怆（chuàng）幽邃（suì）。以其境过清，不可久居，乃记之而去。

坐在潭边，四面都被竹林和树木包围，寂静无人，心中不禁感到悲伤，寒气也悄悄透骨，气氛凄凉幽深。由于这里的环境过于凄清，不宜长时间停留，于是记录下这里的情景就离开了。

同游者：吴武陵，龚古，余弟宗玄。隶而从者，崔氏二小生，曰恕己，曰奉壹。

一同去游览的有吴武陵、龚古、我的弟弟宗玄。跟随着我们同去的，还有两个姓崔的年轻人，一个叫恕己，一个叫奉壹。

思考与启示

　　柳宗元一生仕途坎坷，多次被贬，但他没有被困境彻底打倒。这启示我们，面对生活中的挫折和困境时，不要陷入绝望，而应该像柳宗元一样适应变化，并且在艰苦的条件下寻找学习、生活的乐趣和意义。尝试改变能够改变的，接受不能改变的，以乐观的态度去对待一切；也可以把精力投入自己的兴趣爱好中，通过写作、绘画、运动等来缓解压力，同时也能在这个过程中发现新的价值。

拓展阅读

唐代古文运动

　　唐代古文运动是一场重要的散文革新运动，由韩愈、柳宗元倡导。它针对南北朝以来骈文创作形式僵化的弊端，以恢复孔孟儒学为号召，以学习先秦两汉散文为目标，在文体、文风和文学语言等方面进行改革。

　　骈文起源于汉末，盛行于南北朝。比如，王勃的《滕王阁序》、陶弘景的《答谢中书书》、吴均的《与朱元思书》都是非常优秀的骈文代表作。骈文的写作特点是对仗工整，以四六句式为主，用典丰富，夸张铺陈，结构严谨，辞藻华丽。

骈文发展到唐代，经过长时间的演变，其创作逐渐陷入僵化，过于追求形式上的对仗、辞藻和典故等，形成了固定的套路和模式，缺乏创新和变化。安史之乱后，社会政治局面混乱，骈文这种重形式的文体难以承载文人对社会的深刻反思和批判的内容。加之当时出现了一股复兴儒学的思潮，骈文这种文体同样难以准确表达儒家的经典思想，而先秦两汉的散文则具有符合文人复兴儒学、表达国家大事需求的特点。

唐代古文运动的核心主张是"文以明道"，提倡古朴的文风，反对奢靡的文风，强调内容和形式的统一。这里的"道"是孔孟儒家正统的伦理道德和思想。他们倡导文章要传达儒家思想，教化民众，改善社会，强调文学的社会功能和价值；同时强调作家在创作中要结合现实情况进行创作，不断推陈出新；还重视作家的品德修养，认为只有具备高尚品德的作家才能写出优秀的文章。

这是一次名为复古、实为革新的文学运动，打破了骈文的长期统治，使散文重新成为文学的主流形式，并为宋代古文运动奠定了基础。此运动影响了欧阳修、王安石、苏轼等人，他们进一步推动了古文的发展，使古文成为中国古代文学的重要组成部分。

醉翁亭记

> 醉翁之意不在酒，在乎山水之间也。山水之乐，得之心而寓之酒也。
>
> （选自《唐宋八大家文钞·卷四十九》）

　　欧阳修幼年丧父，家境贫寒，但是母亲十分重视对他的教育，每天教他在地上练字学习。欧阳修小时候就展现出过目不忘的记忆力，在书海中苦读之后，最终成功考取进士，步入仕途。

　　当欧阳修担任官职时，北宋朝廷各方面问题开始显现，社会贫富差距拉大，矛盾日益加剧。他的好友范仲淹认为，国家出现问题的根源在于政治腐败，于是开始进行政治改革，即著名的"庆历新政"。这一改革开风气之先，取得很大的成效。后来，欧阳修在范仲淹的基础上更进一步，他认为要深入改革，必须裁减冗余的官员，减少国家资源的过度损耗。

　　然而，他们的改革极大地触犯了保守派的利益，最终遭到打压。范仲淹很快被贬谪，改革实行一年即被停止。欧阳修想为范仲淹辩护、打抱不平，结果也被贬谪离京。

此后，欧阳修屡遭降职，直至被调任滁州（今安徽滁州）太守。尽管境遇不佳，但欧阳修并没有丧失工作的热情。在滁州，他实行宽简的政治政策，减少百姓负担，发展生产，使得当地百姓过上了和平安定、年丰物阜的生活。

滁州山清水秀，风景宜人，欧阳修的心情也渐渐变得愉悦起来。在担任滁州太守第二年的一天，他与百姓一同出游，欢乐无比。后来，他还写了一篇文章来记录当天的美好心情，这篇文章就是《醉翁亭记》。

环滁（chú）皆山也。其西南诸峰，林壑（hè）尤美，望之蔚然而深秀者，琅（láng）琊（yá）也。山行六七里，渐闻水声潺潺，而泻出于两峰之间者，酿泉也。峰回路转，有亭翼然临于泉上者，醉翁亭也。作亭者谁？山之僧智仙也。名之者谁？太守自谓也。太守与客来饮于此，饮少辄（zhé）醉，而年又最高，故自号曰醉翁也。醉翁之意不在酒，在乎山水之间也。山水之乐，得之心而寓之酒也。

环绕着滁州城的都是山。尤其西南方向的各个山峰，树林和山谷尤为美丽。一眼望去，树木茂盛又幽深秀丽的，是琅琊山。沿着山路行走六七里，渐渐听见潺潺的流水声，远远望去，有一股水流从两座山峰中间倾泻而下，那就是酿泉。山势回环，路也跟着蜿蜒，有一座亭子，亭角翘起像鸟张开翅膀一样，高踞在泉水之上，那就是醉翁亭。建造亭子的是谁呢？是山上的高僧智仙。给亭子命名的是谁呢？是太守用自己的别号"醉翁"来命名的。太守和宾客们来这里饮酒，稍微喝一点酒就醉了，而且他的年龄又是席间最大的，所以给自己取号叫

"醉翁"。醉翁的意趣不在于喝酒，而在于欣赏山水之间的美景。欣赏山水的乐趣，领会在心里，寄托在酒中啊。

若夫日出而林霏（fēi）开，云归而岩穴暝（míng），晦明变化者，山间之朝暮也。野芳发而幽香，佳木秀而繁阴，风霜高洁，水落而石出者，山间之四时也。朝而往，暮而归，四时之景不同，而乐亦无穷也。

太阳出来时，树林里的雾气散去，云雾聚拢时，山谷就显得昏暗了。早晨由暗而明，傍晚则自明而暗，或明或暗，变化多端，这就是山中朝暮之时的景色。野花开放，有一股清幽的香味；好的树木枝叶繁茂，形成浓密的树荫。天高气爽，霜色洁白，溪流的水位降低，山石显露出来，这是山中四季的景色。无论是早晨出发，还是日暮归家，春夏秋冬的景色各有不同，让人感到乐趣无穷。

至于负者歌于途，行者休于树，前者呼，后者应，伛（yǔ）偻（lǚ）提携，往来而不绝者，滁人游也。临溪而渔，溪深而鱼肥，酿泉为酒，泉香而酒洌（liè），山肴野蔌（sù），杂然而前陈者，太守宴也。宴酣之乐，非丝非竹，射者中，弈者胜，觥（gōng）筹（chóu）交错，起坐而喧哗者，众宾欢也。苍颜白发，颓然乎其间者，太守醉也。

背着东西的人在路上唱歌，行人在树下休息，前面的人呼喊，后面的人应答；老年人弯着腰走，小孩子由大人领着走。来来往往的行人，老老少少，络绎不绝，这是滁州的游客。他们在溪边钓鱼，溪水深而鱼儿肥；用泉水来酿酒，泉水清洌而酒香醇厚。野味野菜，交错地摆放在宴席上，这是太守在宴请宾客。宴会中欢饮的乐趣，不在于音乐，而在于投壶射中了目标、下棋赢了对手。酒杯与酒筹交互错杂，或起或坐，大声喧闹的，是欢乐的宾客们。一个容颜苍老、头发花白的老人，醉倒在众人中间，那就是喝醉了的太守。

已而夕阳在山，人影散乱，太守归而宾客从也。树林阴翳（yì），鸣声上下，游人去而禽鸟乐也。然而禽鸟知山林之乐，而不知人之乐；人知从太守游而乐，而不知太守之乐其乐也。醉能同其乐，醒能述以文者，太守也。太守谓谁？庐陵欧阳修也。

不久，太阳下山了，人们的影子散乱，宾客们跟随太守回城去了。树林里枝叶茂密成荫，禽鸟在高处低处鸣叫，这是游人离开后，鸟儿们在快乐地鸣叫啊。然而，鸟儿只懂得山林的快乐，却不懂得人的快乐；游人只知道跟着太守一同游玩的快乐，却不知道太守以游人的快乐为快乐。醉了能够同大家一起欢乐，醒来还能够用文章记述这事的人，正是太守。这位太守是谁呢？正是庐陵郡的欧阳修啊。

思考与启示

在生活中，我们也会面临各种不如意的情况，比如进入不熟悉的环境，或者遭遇挫折等。此时，我们应该像欧阳修一样，学会适应环境，在不利的环境中发现美好，以乐观积极的心态面对生活中的变化，在新环境中找到乐趣。同时，时光易逝，我们应该珍惜眼前的美好事物，积极地去体验和享受生活，不要总是被过去的遗憾或者对未来的担忧所困扰，要把握当下，让每一个美好的时刻都留下深刻的记忆。

亭、台、楼、阁

亭、台、楼、阁是中国古代建筑中的几种重要类型，它们各自具有独特的结构、功能、风格和审美趣味，蕴含着丰富的文化内涵。

亭是一种"有顶无墙"的小型建筑物，形状多为多边形，如三角亭、四角亭、六角亭、八角亭等，也有圆形的亭，叫作圆亭。亭多建于路旁或水边，主要供行人休息、乘凉或观景之用。中国四大名亭有醉翁亭、爱晚亭、陶然亭、湖心亭。

台是一种露天的、表面比较平整的开放性建筑形式。台上可以没有建筑物，也可以修建建筑，以台为基础的建筑显得雄伟高大。有名的台有轩辕台、郁孤台、铜雀台等。

楼是多层的建筑物，往往高大而雄伟，内部设有楼梯可供上下。楼的用途多样，既可以作为居住之所，还是极佳的观景之地。中国名楼有黄鹤楼、岳阳楼、鹳雀楼等。

阁与楼相近，但在造型上更为精巧、灵动。阁四周设走廊、栏杆等，以供人远眺、休憩、藏书之用。有名的阁有滕王阁、天一阁、蓬莱阁等。

赤壁赋

北宋元丰二年（1079年），四十二岁的苏轼因"乌台诗案"入狱，后经弟弟苏辙和友人多方营救，他才得以保全性命。出狱后，苏轼被贬到黄州，出任团练副使一职，此职位不仅地位低下，还没有实权。经历过死里逃生后，苏轼有些心灰意冷，但他没有一味消沉，而是开始积极寻找出路，深入思考人生的意义。他头戴幅巾，脚穿草鞋，与农夫们一起在山谷间劳作。他还在东坡筑屋而居，自称为"东坡居士"。

在黄州的近五年时间里，苏轼倒也自得其乐。虽然生活艰苦，但他乐观豁达，还发现了很多美食。比如他的《猪肉颂》中写道："黄州好猪肉，价贱如泥土。贵者不肯吃，贫者不解煮。早晨起来打两碗，饱得自家君莫管。"这首诗就描述了他发现黄州的猪肉价格便宜，有钱的人不吃，贫穷的人不会做，于是苏轼便亲自下厨，将猪肉烹饪成一道美食，这或许就是"东坡肉"的由来。

在此期间，他还结识了很多好友，比如同样被贬谪到黄州的张怀民。苏轼会在睡不着的深夜去承天寺寻找张怀民，两人一起在园中赏月，苏轼将这种经历写成了著名的《记承天寺夜游》。苏轼还为张怀民建造的亭子取名"快哉亭"，苏轼的弟弟苏辙写下名篇《黄州快哉亭记》，至今为人所传诵。

苏轼和刘贡父有一有趣的文字游戏故事。一日，苏轼说："我和弟弟曾经每日吃'三白饭'，真是世间美味，让人不再相信世间还有八珍。"刘贡父就问："什么是三白？"苏轼回答说："一撮盐，一碟生萝卜，一碗饭，此为三白。"后来刘贡父宴请苏轼到他家吃"皛（xiǎo）饭"，苏轼以为刘贡父学识渊博，这皛饭肯定有深意，没想到却是自己曾说过的三白饭。两人就这样互相开玩笑，也都不生气。

苏轼为人正直，来到黄州后，很多人都愿意和他交友，一起品尝美食，一起游览胜地。在这些好友的陪伴下，苏轼的心情也由一开始被贬到黄州时的落寞失意，逐渐变得乐观豁达，对于人生也有了新的看法。这一思想上的转变让他的文学创作进入一个非凡的黄金时期。他的弟弟苏辙就曾说："我的兄长到黄州以后，文章风格大变，如同江河之水汹涌澎湃，令我望尘莫及。"

《赤壁赋》《后赤壁赋》《念奴娇·赤壁怀古》等千古名作就是在这一时期写成的。其中，《赤壁赋》是苏轼和友人一起乘船游览黄州城外的赤鼻矶时写成的。当时，赤鼻矶被传为三国时代赤壁之战的发生地，苏轼遥想古人的英雄事迹，触景生情，感慨万千。于是，他以赤壁为背景，写下了《赤壁赋》，表达自己对宇宙及人生的看法。

　　壬（rén）戌（xū）之秋，七月既望，苏子与客泛舟游于赤壁之下。清风徐来，水波不兴。举酒属（zhǔ）客，诵明月之诗，歌窈窕之章。少焉，月出于东山之上，徘徊于斗（dǒu）牛之间。白露横江，水光接天。纵一苇之所如，凌万顷之茫然。浩浩乎如冯（píng）虚御风，而不知其所止；飘飘乎如遗世独立，羽化而登仙。

　　壬戌年的秋天，七月十六日，苏轼和客人们乘船来到赤壁之下游览。清风缓缓吹拂，江面平静无波。苏轼举起酒杯，劝客人饮酒，并吟诵起《诗经·陈风·月出》的第一章"月出皎兮，佼人僚兮。舒窈纠兮，劳心悄兮"。不一会儿，月亮升起于东山，在斗宿、牛宿二星之间徘徊。白茫茫的水汽笼罩在江面，闪烁的波光与天边的景色遥相呼应。任凭小船漂去，仿佛越过了那茫茫的江面，在万顷碧波之上，好像凌空驾风而行，不知道要飘荡到哪儿，飘飘摇摇好像要远离尘世，化身为仙，升入仙境。

　　于是饮酒乐甚，扣舷而歌之。歌曰："桂棹（zhào）兮兰桨，击空明兮溯（sù）流光。渺渺兮予怀，望美人兮天一方。"客有吹洞箫者，倚歌而和（hè）之。其声呜呜然，如怨如慕，如泣如诉，余音袅袅，不绝如缕。舞幽壑之潜蛟，泣孤舟之嫠（lí）妇。

　　此时，大家宴饮正欢，苏轼敲着船边，打着节拍，唱起歌来。歌词是："桂木做的长棹啊，木兰做的双桨，划破月光下的清波，船儿在月光浮动的水面上逆流而上。我心驰神往，眺望远方的美人，美人却在天的那一边。"客人中有一位会吹洞箫的,他依照歌曲的声调和节奏,随着歌声伴奏。箫声呜呜,好像是哀怨,又像是在倾诉,尾声细弱而婉转悠长,如同细丝一般连绵不绝。这箫声能使深谷中的蛟龙听了起舞,使独坐孤舟的寡妇听了落泪。

苏子愀(qiǎo)然,正襟危坐而问客曰:"何为其然也?"客曰:"'月明星稀,乌鹊南飞',此非曹孟德之诗乎?西望夏口,东望武昌,山川相缪(liáo),郁乎苍苍,此非孟德之困于周郎者乎?方其破荆州,下江陵,顺流而东也,舳(zhú)舻(lú)千里,旌旗蔽空,酾(shī)酒临江,横槊(shuò)赋诗,固一世之雄也,而今安在哉?况吾与子渔樵于江渚之上,侣鱼虾而友麋鹿,驾一叶之扁舟,举匏樽以相属。寄蜉蝣于天地,渺沧海之一粟。哀吾生之须臾,羡长江之无穷。挟飞仙以遨游,抱明月而长终。知不可乎骤得,托遗响于悲风。"

苏轼听着听着不禁容色改变,他整一整衣服,端坐着向客人问道:"这曲调为何这样悲凉啊?"客人回答:"'月明星稀,乌鹊南飞',这不是曹操的诗吗?从这里向西望到夏口,向东望到武昌,山水环绕,一片苍翠,这地方不正是当年曹操被周瑜打败的地方吗?想当年,曹操攻破荆州,攻占江陵,然后顺着长江东流而下,首尾相接的战船绵延千里,旌旗遮天蔽日。他面对大江斟酒,横执槊吟诗,真是不可一世的英雄人物啊!可如今英雄又在哪里呢?而我和你不过像在江边捕鱼砍柴的渔夫樵夫一样,生活在江湖山野之间,和鱼虾做伴,和麋鹿做朋友,驾一叶扁舟,举着用葫芦做的酒器互相敬酒。我们就像生命短暂的蜉蝣一样寄居在天地之间,渺小得就像大海中的一粒米。我不能不感叹我们的生命不过是短暂的片刻,而羡慕长江水浩浩荡荡无穷无尽。真希望能携手仙人飞上太空遨游，与明月相拥而万古长存。明知这些都不可能轻易地实现，于是只好将心中的感慨，借箫声的余韵传递给江上悲凉的秋风。"

苏子曰："客亦知夫水与月乎？逝者如斯，而未尝往也；盈虚者如彼，而卒莫消长也。盖将自其变者而观之，则天地曾不能以一瞬；自其不变者而观之，则物与我皆无尽也，而又何羡乎！且夫天地之间，物各有主，苟非吾之所有，虽一毫而莫取。惟江上之清风，与山间之明月，耳得之而为声，目遇之而成色，取之无禁，用之不竭，是造物者之无尽藏（zàng）也，而吾与子之所共适。"

苏轼对客人说："你也了解那江水和月亮？江水总是像这样不停地流逝，但它并没有真正流走；月亮像那样时圆时缺，却终究没有增减。所以，如果从变化的角度看，那么天地间万事万物时刻在变动，连一眨眼的工夫都不停止。但如果从不变的角度来看，万物和我们一样都是永恒的。你又何必羡慕它们呢？再说，天地之间，万物都各有其主，假如不是我们拥有的东西，哪怕是一丝一毫，我们也不能取用。只有江上的清风和山间的明月，我们听来就是美妙的音乐，看去就是美好的画面。我们取用它们，没有人来禁止干涉，我们享用它们，也永远不会用光用尽。这是自然界无穷无尽的宝藏，我和你可以共同享用。"

客喜而笑，洗盏更酌。肴核既尽，杯盘狼籍。相与枕藉（jiè）乎舟中，不知东方之既白。

客人高兴地笑了，大家又洗干净酒杯，重新斟酒再饮。菜肴和果品吃完了，杯盘凌乱。大家互相枕着、靠着，在船上睡着了，不知不觉东方已经露出白色的曙光，天明了。

思考与启示

苏轼被贬黄州，仕途不顺，但他并没有因此而郁郁寡欢，而是积极地拥抱生活，这种乐观豁达的心态值得我们学习。生活中我们也会遭遇各种挫折和困境，如学业失利、身体疾病、人际关系的矛盾等，此时应该像苏轼一样，以积极的心态面对，从平凡的事物中寻找美好和乐趣。无论是通过阅读、艺术创作、欣赏自然风光，还是思考哲学问题等，都要让自己的精神有所寄托，在面对复杂多变的世界时保持内心的平静和满足。

拓展阅读

"乌台诗案"的来龙去脉

我们都知道历史上苏轼曾因"乌台诗案"入狱，那么"乌台诗案"到底是怎么一回事呢？

其实，简单来说"乌台诗案"就是文字狱。文字狱是旧时统治者从文人作品中断章取义、摘取字句、罗织罪名所造成的冤狱。在古代，几乎各朝各代都有这样的例子。比如，明太祖朱元璋，因他儿时做过和尚，即位后看到表章、诗文中有"僧""光"等字，甚至是同音字，都会立即将作者诛灭。清圣祖、清世宗、清高宗时也因文字狱株连众多。

在苏轼所在的北宋时期，朝廷形成了新旧两党。新党以王安石为首，拥护并积极实施新法；旧党则反对王安石等人的变法。苏轼生性率真，对不合理之事往往直言不讳，他反对王安石的变法，并曾撰写《议学校贡举状》《上神宗皇帝书》《再论时政书》等奏章表达观点。当时，新党为了巩固自己的政治地位，不断打压旧党势力，急需寻找一个突破口。苏轼作为旧党的代表人物之一，在文坛的影响力巨大，因此通过打击苏轼，可以起到震慑旧党的作用，同时也向皇帝表明新党对新法的坚定支持。

元丰二年（1079年）四月，苏轼调任湖州任太守，给皇帝上《湖州谢上表》，表中说"知其愚不适时，难以追陪新进；察其老不生事，或能牧养小民"。这段话本意是：知道自己愚笨不合时宜，难以追随那些新近晋升的官员；察觉自己年老不会惹是生非，或许能够管理、教养百姓。然而，"新进"与"生事"等语被新党抓住把柄，认为这些词句是对新法和新党的讽刺和攻击。于是，他们摘引苏轼表中的话上奏，说他"愚弄朝廷，妄自尊大"，要求对苏轼"大明刑赏，以示天下"。

与此同时，苏轼的《元丰续添苏子瞻学士钱塘集》问世，这给御史台提供了搜集材料、过度解读的机会。果然，不久后就有人弹劾苏轼，将其诗句与王安石新法的条例一一对照。如苏轼《山村五绝》中的"赢得儿童语音好，一年强半在城中"被新党解读为讽刺青苗法让百姓频繁往来城中，耽误了农业生产；《八月十五日看潮五绝》中的"东海若知明主意，应教斥卤变桑田"被认为讽刺宋神宗推行的水利工程。

新党认为苏轼"怀怨天之心，造讪上之语"，罪行严重，要求斩首。苏轼因诗获罪，被关入御史台狱。因御史府中有柏树，常有很多乌鸦栖宿其上，晨去暮来，号曰朝夕鸟。后因称御史府为"乌府"或"乌台"，因此苏轼一案也就被称为"乌台诗案"了。"乌台诗案"是历史上通过文字治罪的典型，也是朝廷党争的产物，这起案件牵连了二十多位官员。后因多方营救，苏轼最终免于一死。然而，它对苏轼的人生产生了重大影响，也反映了北宋时期政治斗争的残酷。

《古文观止》

最经典的古文入门选集

关于作品

《古文观止》：是清康熙年间吴楚材、吴调侯编的一部古文选本。十二卷。"观止"取"叹为观止"之意。选录先秦至明末诸家文章二百二十二篇。以散文为主，另收有少量骈文。按时代先后编排，并加以简要评注。所收录文章以名篇居多，且繁简适中，所以流传较广，成为初学古文的普及读本。

关于作者

吴楚材（1655—1719）：名乘权，字子舆，号楚材，浙江山阴（今绍兴）人。一生研习古文，好读经史。后在家设馆授徒。曾多次应考，但屡试不中。与其侄吴调侯共同编成《古文观止》一书。

吴调侯（生卒年不详）：清朝康熙年间人，浙江山阴人。与其叔吴楚材二人均饱览经典，都长期从事私塾教学，因合编《古文观止》而留名后世。

曹刿论战

> 夫战，勇气也。一鼓作气，再而衰，三而竭。彼竭我盈，故克之。

（选自《古文观止·卷一》）

　　齐国与鲁国在春秋时期是两个相邻的国家，都位于今天的山东省境内，齐在东北部，鲁在西南部。齐文化和鲁文化在山东地区长期交融发展，故今天的山东省又被称为"齐鲁"。春秋时期，齐国相较于鲁国更为强大，而鲁国处于相对弱势的地位。

　　由于两国地理位置相近、风土人情相似，它们之间经常会发生权力与利益上的合作与纠纷。两国关系融洽时，会以通婚、商贸的形式加强合作关系，保持和平；但如果产生摩擦、纠纷，便可能引发谋杀、战争等矛盾冲突。

　　公元前694年，鲁桓公在出访齐国期间，被自己的妻舅，也就是大舅哥齐襄公命人谋杀。后来鲁庄公继位，他始终记得父亲被杀的仇怨。然而，由于齐国强大，鲁国弱小，鲁庄公对此只能隐忍不发，还经常和舅舅齐襄公一起打猎，以示和平相处。齐襄公是个昏庸的君主，经常不理朝政，导致百姓怨声载道。

公元前686年，齐国人终于无法忍受齐襄公的暴政，爆发了叛乱，齐襄公因此被杀，齐国政局陷入混乱。流亡在外的诸位公子开始争夺王位。鲁庄公因为之前的恩怨，亲自领兵护送公子纠回国争位，与齐国交战。谁知另一位公子小白抢先回到齐国，即位成为齐桓公，并迅速收拢人心，指挥军队把鲁庄公打得大败而归。

齐桓公取得胜利后，逼鲁庄公杀死公子纠。鲁庄公知道自己实力不如对方，只得照做。但即使鲁国表示臣服，齐桓公仍心怀不满，寻机报复。

几年后，齐桓公借口鲁国曾帮助公子纠争夺齐国君位，要带兵攻打鲁国，两军在长勺交战。此时齐国势大，经过几年的恢复和发展，已经比鲁国强大不少。鲁庄公心急如焚，急需人才帮自己分析局势，以取得战争胜利。这时，平民曹刿（guì）主动求见鲁庄公，为其出谋划策，由此发生了《曹刿论战》的故事。

十年春，齐师伐我。公将战，曹刿请见。其乡人曰："肉食者谋之，又何间（jiàn）焉？"刿曰："肉食者鄙，未能远谋。"乃入见。问："何以战？"公曰："衣食所安，弗敢专也，必以分人。"对曰："小惠未遍，民弗从也。"公曰："牺牲玉帛，弗敢加也，必以信。"对曰："小信未孚（fú），神弗福也。"公曰："小大之狱，虽不能察，必以情。"对曰："忠之属也。可以一战。战则请从。"

鲁庄公十年（前684年）的春天，齐军攻打鲁国。鲁庄公准备率军迎战，曹刿请求进见。他的同乡劝阻道："这是当权者出谋划策的事，你何必参与呢？"曹刿说："那些人目光短浅，不能深谋远虑。"于是，他入朝拜见庄公。曹刿问庄公："您凭借什么作战？"庄公说："衣食这类用来安身的东西，我不敢独自享受，一定会分给别人。"曹刿回答："这种小恩小惠如果没有遍及百姓，百姓是不会跟您去拼命的。"庄公说："祭祀用的牲畜、美玉、丝织品等祭品，我从不对神灵虚夸，必定如实告诉神灵。"曹刿回答说："这只是小信用，未能让神灵信服，神灵也不会因此赐福。"庄公又说："大小诉讼事件，虽不能一一明察，但一定都诚心去处理。"曹刿回答说："这是尽职尽责的表现，可凭借这个条件打一仗。开战时，请让我跟随您同去。"

公与之乘，战于长勺。公将鼓之。刿曰："未可。"齐人三鼓。刿曰："可矣。"齐师败绩。公将驰之。刿曰："未可。"下视其辙，登轼而望之，曰："可矣。"遂逐齐师。

鲁庄公和曹刿共乘一辆战车，在长勺与齐交战。鲁庄公将要击鼓进军，曹刿说："不行。"等到齐军击鼓三遍之后，曹刿才说："可以击鼓进军了。"于是齐军被打得大败。庄公要驱车追击齐军，曹刿说："不行。"他下车仔细观察车轮碾出的痕迹，又登上车前的横木眺望齐国军队，说："可以追击了。"于是追击齐军。

既克，公问其故。对曰："夫战，勇气也。一鼓作气，再而衰，三而竭。彼竭我盈，故克之。夫大国，难测也，惧有伏焉。吾视其辙乱，望其旗靡（mǐ），故逐之。"

战胜齐军后，鲁庄公询问曹刿取胜的原因。曹刿回答说："作战，靠的是勇气。第一次击鼓能够振作士气，第二次击鼓士气就有些衰退，第三次击鼓士气就耗尽了。他们的士气耗尽，而我们的士气正旺，所以能战胜他们。大国的情况是难以推测的，我怕他们设有埋伏，但我看到他们的车轮碾出的痕迹很乱，又看见他们的旗帜倒下，所以决定追击他们。"

思考与启示

曹刿虽为一介平民，但在国家面临战争时，并未因自己身份低微而退缩，而是勇敢地站出来，为国家出谋划策，承担起保卫国家的责任。这充分体现了他对国家的深沉的热爱和强烈的责任感。我们也应当学习这种爱国精神，将个人命运和国家命运紧密联系在一起。当国家、集体或他人需要帮助时，我们不应退缩、逃避，而应积极贡献自己的力量。比如在发生地震或洪灾时，众多救援部队官兵、医护人员、志愿者奋战在抗震、抗洪、救灾第一线，这正是强烈的责任感和担当精神的体现。

历史上以少胜多的战役

长勺之战是经典的以少胜多的战役之一，在中国古代历史中，还有许多类似的战役，它们向我们证明了战争不仅是兵力和资源的比拼，还是智慧和谋略的较量，比如以下这几场经典战役。

牧野之战是武王伐纣的决胜之战，发生于商朝末年。据说，周武王联军兵力不足五万人，而商朝军队多达七十万人之众。然而周武王联军以弱胜强，先发制人，最终取得了战役的胜利，从而结束了商王朝的统治，建立了西周。

官渡之战是东汉末年"三大战役"之一。袁绍率兵十余万南下攻打曹操，双方在官渡（今河南中牟东北）形成对峙。相比之下，曹操军队兵少粮缺。曹操趁袁军轻敌、内部不和之际，两次偷袭袁军后方，并烧乌巢（今河南延津）粮囤，继而击溃袁军主力。此战为曹操统一中国北方奠定了坚实的基础。

赤壁之战是中国历史上以弱胜强的著名战例。东汉末年，曹操初步统一北方后，于建安十三年（208年）率兵二十余万南下。孙权、刘备联军五万，共同抗曹。曹军进到赤壁，与孙刘联军隔江对峙。孙刘联军利用曹军远来疲惫、不习水战等弱点，放火延烧曹操水师，后又水陆并进，导致曹军全线崩溃，退回北方。战后，孙权地位更加巩固，刘备据有荆州大部地区，又取得益州，形成曹操、孙权、刘备三方鼎峙的局面。

邹忌讽齐王纳谏

> 臣诚知不如徐公美。臣之妻私臣，臣之妾畏臣，臣之客欲有求于臣，皆以美于徐公。今齐地方千里，百二十城，宫妇左右莫不私王，朝廷之臣莫不畏王，四境之内莫不有求于王：由此观之，王之蔽甚矣。
>
> （选自《古文观止·卷四》）

公元前356年，齐桓公去世后，其子齐威王继位。齐威王酷爱弹琴，常独自在后宫抚琴自娱，不理朝政，一晃九年过去，国家日趋衰败。周边国家看到齐威王如此荒唐，接连起兵进犯，齐国连吃败仗。有一位士人名叫邹忌，他自称是高明的琴师，特来拜见。侍臣禀报齐威王后，齐威王很高兴，立即召见了邹忌。

邹忌走进内宫时，齐威王正在弹琴。邹忌听完后连声称赞，齐威王连忙问好在哪里。邹忌躬身一拜道："我听大王弹奏的大弦声音庄重沉稳，宛如一位贤明君主的气度；小弦之音是那么清脆悦耳，就像一位贤能宰相的风采。大王的指法十分精湛纯熟，弹出来的音符个个都十分和谐动听，该深沉的深沉，该舒展的舒展，既灵活多变又相互协调，就像国家政令的明智与和谐。听到这悦耳的琴声，怎么不令我赞叹呢！"

邹忌接着说："弹琴和治理国家一样，必须专心致志。七根琴弦，好似君臣之道，大弦音似春风浩荡，犹如君也；小弦音如山涧溪水，象征臣子；应弹哪根弦就认真地去弹，不应该弹的弦就不要弹，这如同国家的政令一样，必须明确有力。七弦配合协调，才能弹奏出美妙的乐曲；君臣各尽其责，才能使国富民强、政通人和。弹琴和治国的道理是相通的呀！"

齐威王让邹忌试弹一曲，然而，邹忌总是两手轻轻舞动，摆出弹琴的架势，并没真的弹琴。齐威王恼怒地指责他，邹忌答道："臣以弹琴为生，当然对弹琴的技法了如指掌。大王以治理国家为要务，又怎能不好好研究治国的大计呢？这就和我抚琴不弹、摆空架子一样。抚琴不弹，就没有办法使您心情舒畅；您有国家不治理，也就没有办法使百姓心满意足。这个道理，大王可要三思。"

齐威王听后，对邹忌十分赞赏。三个月后，就授予他相印，任邹忌为相国。邹忌也尽心尽力辅佐齐威王，时常劝谏。于是，后来便有了《邹忌讽齐王纳谏》的故事。

邹忌修八尺有余，而形貌昳（yì）丽。朝（zhāo）服衣冠，窥（kuī）镜，谓其妻曰："我孰与城北徐公美？"其妻曰："君美甚，徐公何能及君也？"城北徐公，齐国之美丽者也。忌不自信，而复问其妾曰："吾孰与徐公美？"妾曰："徐公何能及君也？"旦日，客从外来，与坐谈，问之客曰："吾与徐公孰美？"客曰："徐公不若君之美也。"明日徐公来，孰视之，自以为不如；窥镜而自视，又弗如远甚。暮寝而思之，曰："吾妻之美我者，私我也；妾之美我者，畏我也；客之美我者，欲有求于我也。"

邹忌身高八尺多，而且容貌光艳美丽。有一天早晨，他穿戴好衣帽，照着镜子，对他的妻子说："我与城北的徐公相比，哪一个美？"他的妻子说："您美极了，徐公怎么比得上您呢？"城北的徐公是齐国最美的男子，邹忌不相信自己比徐公美，于是又问他的小妾说："我和徐公相比，谁更美？"妾说："徐公怎么比得上您呢？"第二天，有客人来拜访，邹忌和他谈话时，又问道："我和徐公相比，谁更美？"客人说："徐公不如您美啊。"次日，徐公前来拜访，邹忌仔细地端详他，觉得自己不如他美；照着镜子看自己，更是觉得自己远远不如徐公美。晚上他躺在床上想这件事，感叹道："我的妻子认为我美，是偏爱我；我的小妾认为我美，是惧怕我；客人赞美我美，是有事想要求助于我。"

于是入朝见威王，曰："臣诚知不如徐公美。臣之妻私臣，臣之妾畏臣，臣之客欲有求于臣，皆以美于徐公。今齐地方千里，百二十城，宫妇左右莫不私王，朝廷之臣莫不畏王，四境之内莫不有求于王：由此观之，王之蔽甚矣。"

于是，邹忌上朝拜见齐威王，说："我知道自己不如徐公美。可是我的妻子偏爱我，我的妾害怕我，客人有事想要求助于我，所以他们都认为我比徐公美。如今齐国有方圆纵横千里的疆土，一百二十座城池。宫中的侍妾及君主左右的近侍之臣，没有谁不偏爱大王的；朝中的大臣没有一个不惧怕大王的；全国范围内，没有不对大王有所求的：由此看来，大王您受到的蒙蔽太深了！"

王曰："善。"乃下令："群臣吏民能面刺寡人之过者，受上赏；上书谏寡人者，受中赏；能谤讥于市朝（cháo），闻寡人之耳者，受下赏。"令初下，群臣进谏，门庭若市；数月之后，时时而间（jiàn）进；期（jī）年之后，虽欲言，无可进者。燕、赵、韩、魏闻之，皆朝于齐。此所谓战胜于朝廷。

齐威王说："说得真好。"于是下了一道命令："所有的大臣、官吏、百姓，能够当面指责我过错的，给予上等奖赏；能够上书劝谏我的，得中等奖赏；能够在公众场所指责讥刺寡人的过失，并能使我听到的，得下等奖赏。"政令刚一下达，许多大臣都来进献谏言，宫门和庭院像集市一样热闹；几个月以后，还不时有人进谏；满一年以后，即使想进言，也没有什么可说的了。燕国、赵国、韩国、魏国听说了这件事，都到齐国来朝见。这就是内政修明，不必用兵就能使敌国臣服的道理。

思考与启示

邹忌通过与妻、妾、客的对话，认识到别人对自己的赞美各有目的，并非完全出于真心，意识到自己可能受到蒙蔽，从而联想到齐威王也可能因所处地位而受到更多的蒙蔽。这提醒我们在生活中不能轻信他人的奉承，要对自己有清晰的认知，不能仅凭他人的言语就轻易下结论。我们要学会透过现象看本质，通过全面的了解和深入的思考来辨别真伪，正确看待自己的优缺点。

拓展阅读

历史上的美男子

因《邹忌讽齐王纳谏》中的一句"城北徐公，齐国之美丽者也"，"城北徐公"一词成了美男子的代称。

据史书记载，古代确有不少美男子。如三国时期的何晏，姿容美丽，面白如雪。魏明帝曹叡（ruì）一直怀疑他脸上涂了粉。因何晏的母亲是曹操的妾室，曹叡不好当面羞辱，便在夏天让人将何晏招来，赏赐他热汤面。何晏吃完后大汗淋漓，用衣袖擦拭脸上的汗水，结果脸色更加洁白。曹叡这才相信他是天生肤色白，由此有了"傅粉何郎"的典故。何晏对自己的容貌行仪十分自信，常常"行步顾影"，连走路时都频频回头欣赏自己的影子。

西晋潘岳，字安仁，据说他每次坐车到洛阳城外游玩，都有女子向他车上投掷水果以表喜爱，每每满载而归，于是有了"掷果盈车"的典故。后世人们往往也会用"貌似潘安"来称赞一个人英俊。

西晋卫玠长相极为出众，《晋书》用"明珠""玉润"来形容他。他坐着羊车在洛阳街上出行，远远望去恰似白玉雕的塑像，时人称之为"璧人"。但他体弱多病，后来因围观他的人太多，劳累过度而病死，由此便有了"看杀卫玠"的典故。

北齐兰陵王高长恭骁勇善战，但因面相太柔美，不足以威吓敌人，所以每每打仗都不得不戴上狰狞凶恶的面具。国人认为他很英勇，还创作了歌颂兰陵王的战功和美德的歌舞戏《兰陵王入阵曲》。此曲模仿兰陵王指挥作战、攻击刺杀的姿态，风格悲壮古朴，属于军队武乐。后传入民间，流传甚广。

陈情表

> 臣无祖母，无以至今日；祖母无臣，无以终余年。母、孙二人，更相为命，是以区区不能废远。

（选自《古文观止·卷七》）

公元 263 年，司马懿的儿子司马昭灭掉了蜀汉。266 年初，司马昭的长子司马炎逼迫魏元帝曹奂禅位，代魏称帝，建立晋王朝，后世称他为晋武帝。

晋武帝登基初期，在政治、经济、法治等方面都取得了一定的成就。但是，由于司马氏是通过权谋和武力逼迫魏元帝禅位的，这导致他们的政权缺乏合法性，统治初期政治局势不稳定。同时，蜀汉刚被灭，西南地区的政局未稳定，人心浮动，江东的吴国依然是个强大的威胁。为了加强自己统治的合法性，晋朝提出了"以孝治天下"的政治纲领。

公元 267 年，晋武帝征召蜀汉旧臣李密担任太子洗马。这样做有多个目的。首先，李密以孝心而闻名于世，任用他可以彰显晋武帝以孝为核心的施政纲领，从而加强统治力量。其次，李密作为蜀国旧臣，任用他可以表明晋武帝对蜀地旧部的宽容态度，以安抚蜀地豪族的情绪，并更好地积蓄力量来对抗吴国。可以说，征召李密不仅是选拔人才，更是一项重要的政治策略。

郡县的官员不敢怠慢，催促李密尽快应征上路。但李密有祖母需要赡养，况且他曾在蜀汉为官，对旧主刘禅存有一定的忠诚和情义。蜀汉灭亡后，他沦为亡国之臣，此时若立即转投西晋为官，他在情感上难以接受，内心充满纠结与矛盾。再者，西晋初期政治局势尚不稳定，朝堂上各方势力错综复杂，李密对新朝的政治环境不太了解，也不确定自己在新朝能否立足。

李密深知伴君如伴虎的道理，所以不愿应诏做官。但如果不应诏，晋武帝可能会怀疑他怀念旧朝蜀汉，从而给他扣上大逆不道的罪名，引来杀身之祸。思前想后，李密写下一篇《陈情表》，向晋武帝陈述自己的苦衷，表达祖母对自己的养育之恩以及自己"辞不赴命"的尴尬处境，希望能得到晋武帝的理解和允许，以孝为借口，委婉地拒绝皇帝的征召。

臣密言：臣以险衅（xìn），夙（sù）遭闵（mǐn）凶。生孩六月，慈父见背；行年四岁，舅夺母志。祖母刘愍（mǐn）臣孤弱，躬亲抚养。臣少多疾病，九岁不行，零丁孤苦，至于成立。既无伯叔，终鲜（xiǎn）兄弟，门衰祚（zuò）薄，晚有儿息。外无期（jī）功强（qiǎng）近之亲，内无应门五尺之僮（tóng），茕（qióng）茕孑（jié）立，形影相吊。而刘夙婴疾病，常在床蓐（rù），臣侍汤药，未曾废离。

臣李密陈言：我命运坎坷，小时候就遭遇不幸之事。我刚出生六个月，慈爱的父亲就去世，弃我而去。我年龄到四岁的时候，舅父强行改变了母亲想守节的志向而让母亲改嫁他人。我的祖母刘氏，怜惜我孤苦无依、弱小无助，便亲自抚养我长大。我小的时候经常生病，九岁时还很柔弱，就这么孤独地一直到成人自立。我既没有叔伯，也没有兄弟，家门衰微，福分浅薄，很晚才有了自己的子嗣（sì）。我在外没有什么近亲，在家里也没有守候和应接叩门的小孩子，孤单无依地独自生活，身体和影子互相安慰。而我的祖母刘氏早已疾病缠身，常年卧床，躺在草垫子上，臣侍奉她服用汤药，从来就没有停止，未曾离开过她身边。

逮（dài）奉圣朝，沐浴清化。前太守臣逵（kuí）察臣孝廉，后刺史臣荣举臣秀才。臣以供养无主，辞不赴命。诏书特下，拜臣郎中，寻蒙国恩，除臣洗（xiǎn）马。猥（wěi）以微贱，当侍东宫，非臣陨（yǔn）首所能上报。臣具以表闻，辞不就职。诏书切峻，责臣逋（bū）慢；郡县逼迫，催臣上道；州司临门，急于星火。臣欲奉诏奔驰，则刘病日笃（dǔ）；欲苟顺私情，则告诉不许：臣之进退，实为狼狈。

到了晋朝建立，我受到晋朝清明教化的恩泽。先是太守逵，经考察后推举我为孝廉；后来刺史荣又推举我为秀才。我由于供养祖母之事没有人来做，辞谢而未接受任命。然而朝廷下达了特别的诏书，任命我为郎中一职。没多久又蒙受圣恩，任命臣为太子洗马。以我卑微低贱的身份而得以承担侍奉东宫太子的职务，皇帝的恩遇不是我用生命所能报答的。我把自己的苦衷在奏表中一一呈报，推辞这份职务不去就任。然而陛下又发出了急切严厉的诏书，责备我有意拖延，怠慢上命；郡县官员催逼，敦促臣即刻上路；州县长官更是亲自上门，比星火还要急迫。臣想要奉旨为陛下奔走效劳，奈何祖母刘氏的疾病一天比一天沉重；想要姑且顺从自己的私情侍奉祖母，奈何向上陈情未获准许。我实在是进退两难。

伏惟圣朝以孝治天下，凡在故老，犹蒙矜育，况臣孤苦，特为尤甚。且臣少仕伪朝，历职郎署，本图宦达，不矜名节。今臣亡国贱俘，至微至陋，过蒙拔擢（zhuó），宠命优渥（wò），岂敢盘桓（huán），有所希冀。但以刘日薄西山，气息奄奄，人命危浅，朝不虑夕。臣无祖母，无以至今日；祖母无臣，无以终余年。母、孙二人，更相为命，是以区区不能废远。

我深深感念，当今圣朝以孝道治理天下，对年老而有资历的旧臣们，都给予怜悯和抚育，更何况我孤苦无依，处境比他们更为艰难。再者，我年轻时曾做伪朝的官，担任过郎中的职务，我本来就只追求官运发达，并不想顾惜名誉和节操。如今我只是一个低贱的亡国俘虏，再卑微浅陋不过，过分地受到提拔，特别恩赐的任命，给予优厚的待遇，怎敢犹疑不决，甚至有所希冀呢？只是因为祖母刘氏现在就像太阳快要落山，气息微弱，生命垂危，随时都可能离世。如果没有祖母的养育，我不可能活到今天；如果没有我的照料，祖母无法养老善终。现在我与祖母祖孙二人相依为命，因此我实在不忍因自己的私情远离祖母而停止奉养。

臣密今年四十有四，祖母今年九十有六，是臣尽节于陛下之日长，报养刘之日短也。乌鸟私情，愿乞终养。臣之辛苦，非独蜀之人士及二州牧伯所见明知，皇天后土实所共鉴。愿陛下矜愍愚诚，听臣微志，庶刘侥幸，保卒余年。臣生当陨首，死当结草。臣不胜犬马怖惧之情，谨拜表以闻。

　　我今年四十四岁，祖母刘氏九十六岁，这样看来，我在陛下那里效忠的日子还很长，但报答祖母刘氏养育之恩的日子已经不多了。臣怀着乌鸦反哺的孝心，希望求得奉养祖母以终其天年。我的辛酸悲苦，不仅蜀地百姓以及太守逵、刺史荣明明白白地知晓，天地神明实在也都看得清清楚楚。希望陛下怜悯我愚昧但真诚的心意，应许我微小的愿望，希望刘氏能幸运地蒙您恩典，得以终其余年。我活着的时候，愿以生命报效晋朝，即便死了，也要结草报恩。我怀着犬马一样的恐惧的心情，恭敬地呈上这篇表章，求陛下考虑此事。

思考与启示

　　李密为了照顾病重的祖母放弃了仕途机会，这体现了他对亲情的珍视和恪守，这提醒人们，亲情是宝贵的，应当时刻心怀感恩，尽己所能地去关爱、陪伴和照顾家人。同时，李密在《陈情表》中表达了自己的困境、对祖母的深情以及对朝廷的感激与忠诚。他的真诚使得晋武帝也为之动容。这启示我们，真诚是打动他人的关键，只有真诚地表达自己的想法、情感和需求，才能建立起深厚的人际关系，获得他人的理解和支持。

中国传统道德规范的核心——孝

"孝"是中国传统道德规范的核心，历朝历代都非常重视。孝道在先秦时期就已经受到高度重视，《诗经》中有"哀哀父母，生我劬（qú）劳"等感恩父母养育之恩的诗句。孔子更是将孝作为道德的根本，提出"孝悌也者，其为仁之本与"的观点，还强调子女对父母尽孝，不仅要在物质上赡养，更要在精神上敬重。《周礼》中也有记载："以三德教国子：一曰至德，以为道本；二曰敏德，以为行本；三曰孝德，以知逆恶。"每年举行大规模的"乡饮酒礼"活动，旨在敬老尊贤。

春秋战国时期，《左传》记载有"六顺"，包含君义、臣行、父慈、子孝、兄爱、弟敬，其中子孝是重要的一环。

秦汉时期，虽然以法家思想为主治国，但孝道仍被纳入法律体系，成为社会的基本规范，对于伤害父母等违背伦理的行为会进行严厉惩处。统治者提倡以孝治天下，通过表彰孝子、设立孝悌力田等制度，鼓励人们践行孝道。这一时期的《孝经》对孝道进行了系统的阐述，成为后世孝道文化的经典之作。

魏晋南北朝时期，尽管社会动荡，但孝道文化依然得到传承和发展。这一时期出现了一些极端的愚孝行为，如割股疗亲等，虽然这些行为带有一定的盲目性和非理性，但也反映了当时人们对孝道的极度重视。

唐、宋、元、明、清各朝，孝道文化得到进一步弘扬。通过科举制度等选拔孝子为官，以激励人们践行孝道。这一时期的文学作品中也有大量关于孝道的描写，如孟郊的《游子吟》、元朝郭居敬所辑的《二十四孝》等。清朝还举行过大型的尊老敬老活动，如康熙在乾清宫举办千叟（sǒu）宴，就是宴请六十五岁以上老人的大型酒宴。

兰亭集序

是日也，天朗气清，惠风和畅。仰观宇宙之大，俯察品类之盛，所以游目骋怀，足以极视听之娱，信可乐也。

（选自《古文观止·卷七》）

王羲之出身名门，所属的琅琊王氏一族曾拥立司马睿建立东晋。王羲之自小喜爱书法，早年从卫夫人学习，后研习张芝草书、钟繇（yáo）楷书，博采众长，形成自己的书法风格。长大后官至右军将军、会稽内史，人称"王右军"。

那时，会稽山美丽宜居，许多文人墨客选择在这里定居，他们纵情享受生活，谈论知识与文化。公元353年，王羲之正担任会稽内史，他在会稽山阴的兰亭（今绍兴兰渚山）举办了一场雅集聚会，邀请当时知名的文人雅士参加，包括司徒谢安、辞赋家孙绰、高僧支道林以及王羲之的儿子、侄子等四十一人。

时值三月，本应是江南绵绵细雨的季节，但聚会那天异常晴朗，碧空万里。这次兰亭雅集的主题是"修禊（xì）"。修禊是中国古老的民间传统，人们在农历三月上旬来到水边，用香薰草蘸（zhàn）水洒在身上，清洁身体，感受暮春三月的气息，祈求消除疾病和不祥之事。

在兰亭雅集上，王羲之和好友们还玩起了一个叫"流觞（shāng）曲水"的游戏。大家坐在蜿蜒曲折的溪水两旁，由仆人将装满酒的羽觞放入溪中，让它顺流而下，如果觞停在谁的面前，那个人就需要赋诗，如果无法吟诗，就要罚酒三杯。在这次兰亭雅集中，有十一人各作了两首诗，十五人各作了一首诗，还有十五人没有创作诗句，被罚饮酒三杯，王羲之的小儿子王献之就被罚了酒。

活动过后，大家把聚会所作的诗汇集起来，请组织者王羲之写下一篇序文，记录了这次雅集的盛况。在兴致勃勃的酒后，王羲之带着些许醉意，即兴挥毫，在纸上写下了《兰亭集序》。此作被后人誉为"天下第一行书"。

永和九年，岁在癸（guǐ）丑，暮春之初，会于会稽山阴之兰亭，修禊事也。群贤毕至，少长咸集。此地有崇山峻岭，茂林修竹，又有清流激湍，映带左右，引以为流觞曲水，列坐其次。虽无丝竹管弦之盛，一觞一咏，亦足以畅叙幽情。

永和九年，正是癸丑年，在暮春三月上旬的巳日，我们在会稽郡山阴县的兰亭集会，在水边嬉戏，以祓除不祥。那天，德高望重的人都到场了，老少都聚集在一起。兰亭被崇山峻岭环绕，有繁茂的树木和高高的竹子，还有清澈湍急的溪流一路流淌，周围的景物互相衬托。我们把盛酒的杯放在水面从上游放出，循着曲水而下，流到谁面前，谁就取来饮用。大家排列坐在旁边，虽然没有乐曲伴奏，但一杯酒一首诗，也足以令人畅快表达深远高雅的情思。

是日也，天朗气清，惠风和畅。仰观宇宙之大，俯察品类之盛，所以游目骋怀，足以极视听之娱，信可乐也。

那天，阳光明媚，和风拂面，仰望天空似乎可以观赏到宇宙的壮丽，低头可以欣赏自然界万物的丰富，借此以纵目观赏，开畅胸怀，极尽眼耳之欢愉，真可谓人生一大乐事。

夫人之相与，俯仰一世。或取诸怀抱，悟言一室之内；或因寄所托，放浪形骸（hái）之外。虽趣（qū）舍万殊，静躁不同，当其欣于所遇，暂得于己，快然自足，不知老之将至；及其所之既倦，情随事迁，感慨系之矣。向之所欣，俯仰之间，已为陈迹，犹不能不以之兴怀，况修短随化，终期于尽！古人云："死生亦大矣。"岂不痛哉！

人与人交往，很快便度过一生。有的人在室内面对面聊天，互相倾吐心里话；有的人把情怀寄托在自己所爱好的事物上，言行不受拘束，狂放不羁。虽然各有各的爱好，取舍各不相同，静与动不同，但当他们对所接触的感到欣喜时，一时感到自得、高兴和满足，不知道老年将要到来；等到对于自己所喜爱或得到的已经厌倦，感情随着情况的变化而变化，感慨随着这种变化而有所不同。过去所喜欢的东西，转瞬间已经成为旧迹，尚且不能不因为它引发心中的感触；况且寿命长短，听凭造化，终究归于消灭。古人说："死生是一件大事。"怎么能不让人悲痛呢！

每览昔人兴感之由，若合一契，未尝不临文嗟（jiē）悼（dào），不能喻之于怀。固知一死生为虚诞，齐彭殇（shāng）为妄作。后之视今，亦犹今之视昔，悲夫！故列叙时人，录其所述，虽世殊事异，所以兴怀，其致一也。后之览者，亦将有感于斯文。

　　每当看到古人对死生生发感慨的原因，像符契那样相合，发生感触的原因相同，往往会不由自主地对着前人的文章叹息哀伤，但又不能完全明白于心。就知道把死和生等同起来的说法是不真实的，把长寿与短命等同起来的说法是虚妄之谈。后人看待当代人，就像当代人看待古人一样，多么可悲啊！因此，我要一个一个记下当时与会的人，记录下他们创作的诗篇。虽然时代不同，行为各异，但唤起人们情趣的动因无疑是相通的。后人阅读这些诗篇时，恐怕也会引发相同的感慨吧。

思考与启示

　　生命短暂，我们应当在有限的时间里珍惜眼前美好的事物和经历，用心去感受每一个当下。无论是与朋友聚会还是欣赏自然风光，又或是追求自己的兴趣爱好，我们都要全身心地投入，因为这些瞬间稍纵即逝。在现代社会，虽然生活节奏加快了，但我们也不能忽视与朋友、家人的聚会和交流，因为通过交流可以获得情感上的慰藉和智慧的启迪。

中国书法大家

　　中国书法艺术已有三千多年历史，商、周金文已具艺术性，秦篆（zhuàn）、汉隶、魏碑以及晋韵、唐法、宋意等更见风采多姿。在世界美术史上，文字的书写能成为主流的艺术，中国的书法是一个孤例。

　　王羲之的书法字势遒（qiú）美多变化，为历代学书者所崇尚，有"书圣"之誉。其子王献之与其并称"二王"。除了此父子二人，中国书法史上还有很多熠熠生辉者。比如东汉蔡邕，擅长篆书、隶书，尤以隶书著称，由于他扬名当时，不少汉末碑刻被后人附会为蔡邕所书，其书法有"体法百变"之称。三国魏大臣钟繇师法蔡邕，他精于隶书、楷书，与王羲之并称"钟王"。

　　唐宋是书法发展的巅峰期，这期间出现了很多闻名后世的书法大家。唐代欧阳询的书法学"二王"，但又自成一家，人称"欧体"，对后世影响很大，他与虞世南、褚遂良、薛稷并称"唐初四大书家"。颜真卿书法初学褚遂良，后从张旭得笔法，人称"颜体"。柳公权初学王羲之，后遍阅近代笔法，得力于颜真卿、欧阳询，与颜真卿并称"颜柳"。

　　张旭的草书最为知名，颜真卿曾向他请教笔法。他的草书与李白诗歌、裴旻剑舞并称"三绝"。相传他往往在大醉后呼喊狂走，然后落笔，故人称"张颠"。怀素也好喝酒，他继承和发展了张旭的草法，而以"狂草"闻名，可谓"以狂继颠"。他与张旭并称"颠张醉素"。相传他秃笔成冢，并广植芭蕉，以蕉叶代纸练字，因名其所居曰"绿天庵"。

到了宋代，苏轼取法李邕、徐浩、颜真卿、杨凝式，而能自创新意，擅长行书、楷书。黄庭坚兼擅行书、草书，初以周越为师，后取法颜真卿及怀素，自成风格。米芾（fú）行书、草书得益于王献之，用笔俊迈豪放，因举止"颠狂"，人称"米颠"。蔡襄学虞世南、颜真卿，并取法晋人，正楷端重沉着，行书温淳婉媚，草书参用飞白法。苏轼、黄庭坚、米芾、蔡襄四人合称"宋四家"。

元代赵孟頫精于正书、行书和小楷，学李邕而以王羲之、王献之为宗，世称"赵体"。

桃花源记

> 土地平旷，屋舍俨（yǎn）然，有良田、美池、桑竹之属。阡陌交通，鸡犬相闻。其中往来种作，男女衣着，悉如外人。黄发垂髫（tiáo），并怡然自乐。
>
> （选自《古文观止·卷七》）

魏晋时代，是一个隐士辈出，许多人才华被埋没的时代。为什么呢？从东汉末年到东晋时期，接连经历了黄巾起义、董卓之乱、三国鼎立、司马篡位、八王之乱、永嘉之乱、"五胡"内迁，还有南北对抗。一连串的动乱战争，让普通老百姓痛不欲生，就连上层士大夫也逃不过这场灾难。百姓流亡，豪杰争霸，社会治安混乱，乱世中政权频繁更迭。独裁者屡屡上位，对于不合作的士大夫，当权者总是施加迫害，导致无数士大夫无所适从，纷纷选择隐退，并且这种清心寡欲的行为，还得到了社会的称赞，隐居逐渐成为一种时尚。

社会制度瓦解后，自然形成了以宗族为纽带的士族门阀。在魏晋时期，门阀士族享有特殊的社会地位，等级差距明显。他们权势极大，几乎掌握了朝政，而那些出身低微的士人只能当一些小官，被排挤在世族上层社会之外。普通的士人受到打压，无法在政治舞台上施展才华，最终只好选择归隐山林，回归田园生活。

陶渊明在当时虽然出身于大家族，但家境逐渐贫困。从那时起，他虽身负才华，却不得不开始艰辛的漂泊生活，为了生计四处奔波。进入官场后，他内心时常矛盾，既想为官展露才华，却又厌恶官场门阀林立。他面对黑暗腐朽的现实，对田园生活念念不忘。

在官场和田园之间摇摆了十多年，陶渊明彻底厌烦了官宦生活，终于辞去官职，正式开始了隐居生活。此时的陶渊明，政治立场明确，思想也日渐成熟，从这时候开始直到去世，陶渊明创作了许多描绘田园生活的诗文。

陶渊明虽然身在田间，却依然关心国家政事。公元420年，刘裕废除晋恭帝，自立为帝，随后派人杀死晋恭帝。陶渊明从儒家的传统观念出发，对刘裕政权产生了不满，加深了对现实社会的厌恶。但陶渊明无法改变社会现状，也不愿意再涉足官场，于是通过创作来表达情感。他塑造了一个美好世界，一个完全与现实社会相对立的理想社会，这就是《桃花源记》所描绘的世界。

晋太元中，武陵人捕鱼为业。缘溪行，忘路之远近。忽逢桃花林，夹岸数百步，中无杂树，芳草鲜美，落英缤纷。渔人甚异之，复前行，欲穷其林。

东晋太元年间，武陵郡有个以捕鱼为生的人。有一天，他沿着溪水划船前行，不记得走了多远，忽然看到一片桃花林，在溪流两岸的几百步内，中间没有其他树木，青草芬芳鲜美，地上的落花繁多。渔人看到此景感到很诧异，他继续向前行船，想要走到桃花林的尽头。

林尽水源，便得一山，山有小口，仿佛若有光。便舍船，从口入。初极狭，才通人。复行数十步，豁然开朗。土地平旷，屋舍俨然，有良田、美池、桑竹之属。阡陌交通，鸡犬相闻。其中往来种作，男女衣着，悉如外人。黄发垂髫，并怡然自乐。

桃花林的尽头便是溪水的发源地，那里有一座山，山上有个小洞口，洞里面隐隐约约透着点光亮。渔人便下了船，从洞口走进去。开始的时候洞里非常狭窄，仅容一人通过。又向前走了几十步，由狭窄幽暗突然变得开阔敞亮。只见眼前土地平坦宽广，房屋排列得整齐有序，还有肥沃的土地、美丽的池塘和桑树、竹林之类。田间的小路交错相通，在村子里可以听到鸡鸣狗叫的声音。人们在田间来来往往耕田种地，男女的穿着打扮，都像世外之人一样。老人和小孩都高高兴兴，自得其乐。

见渔人，乃大惊，问所从来。具答之。便要（yāo）还家，设酒杀鸡作食。村中闻有此人，咸来问讯。自云先世避秦时乱，率妻子邑人来此绝境，不复出焉，遂与外人间（jiàn）隔。问今是何世，乃不知有汉，无论魏晋。此人一一为具言所闻，皆叹惋（wǎn）。余人各复延至其家，皆出酒食。停数日，辞去。此中人语（yù）云："不足为外人道也。"

村子里的人看见渔人，就非常吃惊，问他是从哪里来的。渔人详细回答了他们。他们就邀请他到家里做客，摆下酒、杀了鸡、做了饭款待他。村里的人听说来了这么一个外人，都来打听消息。他们自己说，祖先为了逃避秦朝的战乱，带领妻子儿女和乡亲们来到这个与人世隔绝的地方，从此没再出去，于是就同外界的人隔绝了。他们问渔人现在是秦朝第几代皇帝当政，竟然不知道有过汉朝，更不用说魏和晋了。渔人把自己知道的事向桃花源中人详细地说出，大家听了后都感叹惋惜。其余的人又各自把渔人邀请到家里，都摆出酒饭招待他。渔人停留了几天，然后向村里人告辞离开。村里的人告诉渔人说："这里的情况不必向外边的人说呀！"

既出，得其船，便扶向路，处处志之。及郡下，诣（yì）太守，说如此。太守即遣人随其往，寻向所志，遂迷，不复得路。

渔人出来以后，找到自己的船，就沿着原先来时的路回去，沿途处处做上记号。到了郡城，拜访太守，说了自己进入桃花源的经历。太守立即派人跟着他前去寻找先前所做的记号，结果却迷失了方向，再没有找到那条路。

南阳刘子骥（jì），高尚士也，闻之，欣然规往。未果，寻病终。后遂无问津者。

南阳郡的刘子骥是个德高望重的名士，听说了这个消息，高高兴兴地计划前往探寻，却没有找到，不久就得病去世了。此后就没有再去探访桃花源的人了。

思考与启示

在现实社会中，人们往往因过于追求物质财富和功名利禄而忽略了内心的真正需求和精神追求。桃花源是一个宁静、祥和的地方，生活简单而充实，人们在这里远离了外界的纷扰和喧嚣，不被物质欲望所束缚，能够真正享受生活的乐趣。在现代社会中，我们常常感到疲惫和焦虑，需要寻找一个属于自己的内心宁静之所。每一个人都可以畅想属于自己的理想世界，思考属于自己的理想生活，树立积极的人生目标，并为之奋斗和努力，让理想变成现实。

拓展阅读

陶渊明与田园诗派

田园诗派的开创者就是陶渊明，这个派别的作品多以田园风光、农村景物、农事活动以及农民的生活为主要题材。比如陶渊明辞官归隐时写的《归去来兮辞》就是田园诗的"宣言"。又比如陶渊明的《归园田居》，描绘了他辞官归隐后，在田园中劳作、生活的场景，表现了田园生活的质朴与宁静。其后，他的一系列诗作，如《饮酒》《杂诗》等，都以自然质朴的语言，描述着田园生活的乐趣和诗人自由的心境。这种自然和谐的风格与安宁恬淡的心境，构成了田园诗的一大特色。

后来在唐代形成以孟浩然、王维等人为代表的田园诗派。如孟浩然《过故人庄》："故人具鸡黍，邀我至田家。"又如王维《渭川田家》："斜光照墟落，穷巷牛羊归。"但孟浩然、王维及以后的田园诗人多是旁观者，不是陶渊明那样的"田园中人"，他们所作的田园诗表现的都是文人自身的生活情趣或其眼中的田园风光，故缺少陶诗中的朴实和亲切感。

岳阳楼记

> 不以物喜，不以己悲，居庙堂之高则忧其民，处江湖之远则忧其君。是进亦忧，退亦忧。然则何时而乐耶？其必日"先天下之忧而忧，后天下之乐而乐"乎！
>
> （选自《古文观止·卷九》）

范仲淹两岁时父亲去世，家庭贫困无依，母亲改嫁朱姓人家，范仲淹便更名为朱说（yuè）。范仲淹小时常在寺庙寄读，生活条件极其艰苦，天冷时每日只煮一锅稠粥，等粥冻结后划成四块，早晚各取两块，就着咸菜碎末食用，留下了"划粥割齑（jī）"的典故。

长大后，范仲淹以朱说的名字参与科举，出仕后恢复了自己的原名，在朝廷历任多职，有敢言之名。当时正值北宋中期，内部阶级矛盾日益严重，同时还受到辽和西夏的威胁。为了改善局势，范仲淹领导发起了"庆历新政"，提出"条陈十事"的主张，旨在规范社会各方面的行为，整顿吏治，解决冗兵、冗员和冗费等问题，推动生产发展，清除腐败，达到富国强兵的目标。庆历新政通过严格考核，淘汰了许多无能或贪腐的官员，使得行政、财政和运输等方面都有所改善。

然而，就像后来的王安石变法一样，这种改革触犯了保守派的利益，遭到了强烈反对。而宋仁宗的改革决心也不坚定，在保守派集团的打压下，改革最终以失败告终。后来，社会矛盾进一步激化，土地兼并加剧，冗兵问题和财政负担日益严重。这些问题对后来的宋神宗熙宁时期的王安石变法产生了直接影响。

庆历新政宣告失败，范仲淹很快因得罪保守势力被贬到河南邓州（今河南南阳）做地方官。但他并没有就此消沉，而是继续在当地进行政治改革，不改初衷。这时，他同样被贬的好友滕子京正在巴陵做太守，并渐渐做出一番成绩，在听说范仲淹被贬的消息后，便请求范仲淹为自己重修的岳阳楼作记，于是范仲淹提笔写下了这篇《岳阳楼记》。

庆历四年春，滕子京谪（zhé）守巴陵郡。越明年，政通人和，百废具兴，乃重修岳阳楼，增其旧制，刻唐贤今人诗赋于其上，属（zhǔ）予作文以记之。

庆历四年的春天，滕子京被贬官到岳州做知州。到了第二年，政事顺利，百姓和乐，各种荒废的事业都兴办起来了。于是重新修建岳阳楼，扩大它原有的规模，在楼上刻写了唐代名家和当代人的诗赋文章。他还专门嘱托我写一篇文章来记述这件事情。

予观夫巴陵胜状，在洞庭一湖。衔远山，吞长江，浩浩汤（shāng）汤，横无际涯，朝晖夕阴，气象万千，此则岳阳楼之大观也，前人之述备矣。然则北通巫峡，南极潇湘，迁客骚人，多会于此，览物之情，得无异乎？

　　我观看巴陵郡的好景色，全在洞庭湖上。它连接着远处的山峦，吞吐着长江的水流，水势浩大，宽阔无边，早晚阴晴明暗多变，气象千变万化。这就是岳阳楼雄伟壮丽的景象，前人的记述很详尽了。那么向北面通到巫峡，向南面直到潇水和湘水，被降职到外地的官员和文人，大都在这里聚会，他们看了自然景物而触发的感情，恐怕会有所不同吧？

　　若夫淫雨霏（fēi）霏，连月不开，阴风怒号，浊浪排空，日星隐曜（yào），山岳潜形，商旅不行，樯（qiáng）倾楫（jí）摧，薄暮冥冥，虎啸猿啼。登斯楼也，则有去国怀乡，忧谗畏讥，满目萧然，感极而悲者矣。

　　像那阴雨连绵不断，接连几个月天不放晴，寒风怒吼，浑浊的浪冲向天空；太阳和星星隐藏起光辉，山岳隐没了形体，商人和旅客不能通行，桅杆倒下，船桨断折；傍晚天色昏暗，老虎在长啸，猿猴在悲鸣。这时登上这座楼，就会有一种离开国都，怀念家乡，担心被说坏话，惧怕被批评指责，满眼都是萧条的景象，感慨到了极点而悲伤的心情。

　　至若春和景明，波澜不惊，上下天光，一碧万顷，沙鸥翔集，锦鳞游泳，岸芷（zhǐ）汀（tīng）兰，郁郁青青。而或长烟一空，皓月千里，浮光跃金，静影沉璧，渔歌互答，此乐何极！登斯楼也，则有心旷神怡，宠辱偕忘，把酒临风，其喜洋洋者矣。

　　到了春风和煦，阳光明媚的时候，湖面平静，没有风浪，天色湖光相接，一片青绿，广阔无际，成群的沙鸥时而飞翔，时而停歇，美丽的鱼儿在水中畅游，岸上与小洲上的花草茂盛，一片青绿。有时大片云雾完全消散，皎洁的月光照耀千里，浮动的光像跳动的金子，静静的月影像沉入水中的玉璧，渔夫的歌声你唱我和地响起来，这种乐趣真是无穷无尽啊！这时登上这座楼，就会感到心胸开阔，荣耀和屈辱一并忘掉，端着酒，迎着风，那真是开心快乐极了！

嗟夫！予尝求古仁人之心，或异二者之为，何哉？不以物喜，不以己悲，居庙堂之高则忧其民，处江湖之远则忧其君。是进亦忧，退亦忧。然则何时而乐耶？其必曰"先天下之忧而忧，后天下之乐而乐"乎！噫！微斯人，吾谁与归？时六年九月十五日。

唉！我曾经探求过古代品德高尚的人的思想感情，或许不同于以上两种表现。这是为什么呢？他们不因外物和自己处境的变化而喜悲。在朝廷里做高官就为百姓担忧，被贬谪到偏远地区做地方官就为君主担忧。这样说来在朝廷做官也担忧，在边远地区也担忧。既然这样，那么他们什么时候才会感到快乐呢？他们一定会说"在天下人忧之前先忧，在天下人乐之后才乐"吧！唉！如果没有这种人，我同谁一道呢？写于庆历六年九月十五日。

思考与启示

范仲淹用"不以物喜，不以己悲"告诉我们不要因为外在物质条件的好坏而或喜或悲，也不要因为个人的顺利或逆境而沾沾自喜或悲痛欲绝，要保持内心的平静和淡定，以平和的心态面对生活中的各种变化，保持豁达乐观的人生态度。用"先天下之忧而忧，后天下之乐而乐"启示人们不应只关注个人的得失与享乐，要有胸怀天下的责任和担当。

拓展阅读

江南三大名楼

岳阳楼和滕王阁、黄鹤楼并称"江南三大名楼"。

岳阳楼位于湖南省岳阳市西门城头，如《岳阳楼记》中所说，由滕子京重修，后也因《岳阳楼记》而闻名天下。它采用纯木结构，全楼衔接对榫，不用一钉。楼高三层，黄色琉璃瓦顶，气势雄伟，巍峨壮观。

滕王阁位于如今的江西南昌，始建于唐永徽四年（653 年），因王勃的一篇《滕王阁序》而名垂千古，其中的名句"落霞与孤鹜齐飞，秋水共长天一色"描写了如诗如画的美景。它多次被毁，多次被重建，如今宏伟的建筑彰显着历史的厚重和深沉。

　　黄鹤楼位于今天的湖北武汉，它始建于三国时期。最初是一座军事瞭望楼，后逐渐成为观赏风景的名楼。据传因三国费祎登仙，乘黄鹤于此憩驾得名。唐代崔颢、李白及宋代陆游等均在此有题诗。

《全唐文》

至今唯一、最大的唐文总集

关于作品

《全唐文》：以清内府所藏旧钞《唐文》为蓝本，并自四部典籍、《永乐大典》、释典、道藏、方志、碑帖等书中采辑唐人遗文编录而成，体例仿《全唐诗》。共收唐、五代作家三千零三十五人，文二万零二十五篇，并附有作者小传，对研究唐代文化具有重要价值。

关于作者

董诰（1740—1818）：字雅伦，号蔗林，浙江（今杭州市富阳区）人。清代大臣。乾隆进士，内阁学士，历任工部、户部侍郎，充《四库全书》副总裁，编《满洲源流考》。精书法，善绘画，更通晓军事。

徐松（1781—1848）：字星伯，直隶大兴（今北京）人。嘉庆进士，授编修，官至榆林知府。长于地理，任湖南学政时，坐事戍伊犁。著有《西域水道记》《汉书西域传补注》《新疆识略》。

陋室铭

山不在高，有仙则名。水不在深，有龙则灵。斯是陋室，惟吾德馨。

（选自《全唐文·卷六〇八》）

刘禹锡从小学习儒家经典和吟诗作赋，非常聪明勤奋，曾受到很多先生的夸奖。长大后，他到吴兴（今浙江湖州）生活，拜访当时著名的诗僧皎然和灵澈，向他们学习诗词，得到了一些启发和指导，逐渐在文坛有了一些名气。后又前往洛阳和长安游学，由于思维敏捷、文采斐然，刘禹锡很快在文人士林中声名远扬。不久，刘禹锡与柳宗元一同考中进士，任职期间又与韩愈投缘，三人很快成为好朋友，关系十分密切。

唐德宗驾崩后，李诵继位，即唐顺宗。当时，原太子侍读王叔文和王伾两位大臣一直都有改革弊政的志向，于是受到唐顺宗信任，推行改革。刘禹锡和王叔文关系很好，他的才华和志向也受到王叔文的赏识，刘禹锡便很快投入改革中，和柳宗元一起成为革新派的核心人物。他们的"二王刘柳"集团在短暂的执政期间采取了许多改革措施，朝廷的风气一时变得开放清明。

然而，由于改革触犯了藩镇、宦官和大官僚们的利益，这些保守势力联合反击，威逼唐顺宗停止改革。唐顺宗刚刚即位，在朝廷的势力不够稳固，于是只得停下改革，并让位给太子李纯。王叔文被赐死，王伾被贬后病死，刘禹锡和柳宗元等八人也受到贬谪，这就是著名的"二王八司马"事件。

过了几年，刘禹锡和柳宗元等人被召回京城，刘禹锡却因为写了一首诗触怒当时的执政者，又被贬到更远的播州当刺史。柳宗元得知后，说："播州是不适合人居住的地方，而刘禹锡的母亲健在，如果刘禹锡去了播州，这将成为母子永诀之事。"于是柳宗元立即写奏章，想把自己所任的柳州刺史与刘禹锡的播州刺史之职进行交换。恰好当时有其他大臣也为刘禹锡求情，于是刘禹锡改任连州刺史。此后直到母亲去世，刘禹锡才离开连州。

后来，刘禹锡被调到和州担任刺史，和州的知县看到刘禹锡接连

典籍里的中国 · 经典古文

被贬，知道他不受朝廷重用，于是故意给他找麻烦，安排他住在城南面江的潮湿之地。但刘禹锡没有抱怨，反而很开心，并在门上写下了两句诗："面对大江观白帆，身在和州思争辩。"知县见他被贬却仍然不改乐观，竟然过得如此自在，非常生气，马上命令差役把他的住处从县城南门迁到县城北门，居住面积变得更小。但刘禹锡仍然不计较，他看新住处位于河边，附近有垂柳，环境还不错，于是又在门上写了两句诗："垂柳青青江水边，人在历阳心在京。"知县听说后，又派人把刘禹锡的住处搬到县城中部，只给他一间破败的小屋。小屋的空间十分狭窄，只够放一床、一桌、一椅。这次刘禹锡终于有些恼火，半年里，由于知县的刁难，他不得不搬了三次家，而且房子一次比一次小，最后只有一间斗室，于是刘禹锡愤然写下《陋室铭》，并请人刻在石碑上，立在门前。

山不在高，有仙则名。水不在深，有龙则灵。斯是陋室，惟吾德馨。苔痕上阶绿，草色入帘青。谈笑有鸿儒，往来无白丁。可以调素琴，阅金经。无丝竹之乱耳，无案牍（dú）之劳形。南阳诸葛庐，西蜀子云亭。孔子云：何陋之有？

山不在于高，有了神仙就会有名。水不在于深，有了蛟龙就显得神异。这是所简陋的房子，只因为我品德高尚就不感到它简陋了。苔痕蔓延到台阶上，使台阶都绿了；草色映入竹帘，使室内染上青色。在这里谈笑的都是博学的人，跟我往来的没有平民。可以调弄不加装饰的琴，阅读佛经。没有世俗的乐曲扰乱心境，没有官府的公文劳神伤身。我这所简陋的房子真比得上当年诸葛亮隐居南阳时住的草庐，扬子云在西蜀的屋舍。孔子说过："有什么简陋的呢？"

思考与启示

　　刘禹锡虽身处简陋的居室，却以豁达的心态看待自己的居住环境。这启示我们，不必过分追求物质享受，而应该注重内心的修养和精神的富足。在现代社会，人们常常被物质欲望驱使，不断追求更高的收入、更大的房子、更好的车子等。然而，过度追求物质财富可能会让人陷入无尽的欲望深渊，难以获得真正的幸福。我们应该学会知足常乐，珍惜自己所拥有的，不被物质所羁绊。

中国古代文体

古代文章题目中多含有"表""书""记""赋""序""铭"等字，你知道它们有什么不同吗？

"表"是中国古代章奏的一种，是臣子向帝王上书陈情言事的一种文体，多用于表达忠诚、感激、劝谏、请求等，如《出师表》《陈情表》等。

"书"指书信，可以表达情感、陈述事件、讨论问题等，多用于亲友之间、文人雅士之间的沟通交流，如《报任安书》《与朱元思书》等。

"记"主要是通过记事、写景、记人来抒发作者的情感或发表作者见解，写景抒情，托物言志，如《桃花源记》《小石潭记》《岳阳楼记》等。

"序"一般分为"序言"和"赠序"。序言是放在著作正文之前的文章，主要用于介绍作者的生平、创作背景、作品的主要内容和价值等，以帮助读者更好地理解作品，如《兰亭集序》。赠序通常是文人之间以诗文相赠时所使用的一种文体，用于表达惜别、劝勉、祝愿等情感，如《送东阳马生序》等。

"铭"一般刻在碑版或器物上，用来歌颂功德或警诫自己，后来发展成为一种篇幅短小、文字简洁的文体，如《陋室铭》等。

除此之外，还有《马说》《师说》《爱莲说》等"说"类文章。"说"可以发表议论，也可以记事，都是说明一个道理；《洛神赋》《阿房宫赋》《赤壁赋》等属于"赋"类；《归去来兮辞》属于"辞"类；《离骚》属于"骚"体诗，它们和"赋"一样，多用铺陈夸张的手法来抒情叙事。

典籍里的中国·经典古文